プロ野球怪物伝

大谷翔平、田中将大から
王・長嶋ら昭和の名選手まで

野村克也

GENTOSHA

はじめに

「プロ野球の怪物について書け」という要望である。

私が現役だったころは、野球選手に「怪物」という表現を使うことはなかったと思う（「怪童」と呼ばれた選手はいたが）。であれば、まずは「怪物とは何か」を定義することからはじめなければいけないだろう。

「怪物」という言葉から私がイメージするのはこういうことだ。

「常識はずれ」

ちなみに「怪物」を辞書で調べてみると、こうある。

・正体のわからない、不気味な生き物、ばけもの
・性質、行動、力量などが飛び抜けている人物

プロ野球の世界には、たしかに前者のような怪物もいる。しかし、これから述べようとする怪物とは後者、すなわち私に言わせれば「常識はずれ」の選手ということになるだろう。

たとえば――。

とんでもなく速いボールを投げる。誰にも真似できないほど打球を遠くに飛ばす。唯一無二の技術を持っている……まずはそういう選手が考えられる。

あるいは、とてつもない記録を残した選手。これも文句なしに怪物といっていいだろう。

また、その選手が登場したことにより、野球そのものや野球を取り巻く環境、観る人の意識などが大きく変わることがある。そのきっかけをつくった選手も充分に怪物という称号に値しよう。

そしてもうひとつ、「物語」を持っていることを最後の怪物の条件としたい。

たとえば、球史に残る名勝負の立役者となったり、数々のドラマ――それはときに悲劇性を帯びることもあるが――の主役を演じたり、ファンが「打ってほしい、抑えてほしい」という場面で必ずその期待に応えたりすることで、のちに伝説となるような物語を生み出した選手のことである。プレーが多くのファンの胸を熱く焦がし、その記憶がずっと語り継がれていく選手といってもいいかもしれない。

以上のような基準をふまえたうえで、私が怪物と考える選手たちについて、私なりの視点で述べていきたいと考えている。彼らの名前と業績が、末永くプロ野球ファンの記憶に残るための一助になれば幸いに思う。

プロ野球怪物伝　目次

第2章 海を渡った怪物たち

第3章 ともに戦った怪物たち

第4章

甲子園を沸かせた怪物

第5章
一芸で勝負した怪物

第6章 アメリカからやってきたカイブツたち

終章

柳田、山田、山川、清宮、そして……現在進行形の怪物たち

装幀　フィールドワーク（田中和枝）
写真　©アマナイメージズ
本文デザイン・DTP　美創
出版協力　KDNスポーツジャパン
編集協力　メディアプレス
構成　藤田健児

第1章

二刀流・大谷翔平という怪物

「プロ野球をなめるな」とは言ったものの……

「長生きはするものだ——」

大谷翔平を見ていて、つくづく思う。

私は昭和10年、1935年の生まれ。すなわち、日本のプロ野球がはじまった年に生を享《う》けた。京都府立峰山高校を卒業し、テストを受けて当時の南海ホークスに入団したのは1954年のことだから、少なくとも戦後のプロ野球の歴史を彩った数多くの名選手を見てきたことになる。

そんな私でも、大谷のような選手を目にしたことはなかった。ピッチャーとバッターの両方を、いずれも高いレベルでこなす。正真正銘、プロ野球八十有余年の歴史にひとり、いや100年にひとりの選手と言っても過言ではない。まさしく「怪物」である。

2013年、岩手の花巻東高校から日本ハムファイターズに入団した大谷が二刀流挑戦を表明したとき、私は言った。

「プロ野球をなめるな」

二刀流は大谷がはじめてではない。戦前に大阪タイガースで活躍した景浦将《かげうらまさる》さんや、東京セネタースなどで通算237勝、830安打を記録した野口二郎さんは古すぎるにしても、初代「ミスタータイガース」と呼ばれた藤村富美男さん、私の前のヤクルトスワローズの監督だった関根潤三さんが二刀流をこなしていたことはプロ野球ファンならご存じだろう。藤村さんはバッターとして打率・300、ホームラン224本、ピッチャーとして34勝をマーク。関根さんもバッターとして1137本の安打を放ち、ピッチャーでも65勝をあげている。

ただし、これらはすべて大昔の話。プロ野球がまだ牧歌的な雰囲気を漂わせていた時期の記録である。そのころに較《くら》べれば、いまのプロ野球は格段に進歩している。なにより情報戦略が進んでいる。ピッチャーであれ、バッターであれ、相手チームから徹底的に分析・研究され、弱点をつかれる。いくらすばらしい才能があったとしても、それだけでは太刀打ちできないのが現代のプロ野球なのである。

ましてや大谷が挑もうとしていたのは二刀流。たしかにロマンがあるし、大谷の実力は十二分に認めてはいたものの、投打の両方において周囲を納得させるだけの成績を残せるとは思えなかった。大谷の才能を買うからこそ、二兎を追った結果、一兎も得られずに終わることを危惧したのである。

そもそもどれだけの成績を残せば二刀流と呼べるのか。バッターとして規定打席、ピッチャーとして規定投球回数を達成しなければ真の二刀流とはいえまい。なによりほかの選手を納得させる成績を残す必要がある。大谷に二刀流をやらせるためにチームがあるのではないからだ。大谷が二刀流をやることがチームの勝利につながらなければまったく意味がない。

私が二刀流に反対したのは、そういう理由からだった。

最多勝とホームラン王、両方獲れ

「高校卒業即メジャー挑戦」を表明していた大谷本人に当初、二刀流を目指す意思はなかったそうだ。本人はピッチャーに専念するつもりだったのだという。

だが、日本ハムの栗山英樹監督が「誰も歩いたことのない道を一緒につくろう」と語りかけ、二刀流養成プランなどをまとめて資料を提示。これが決め手となって、大谷はメジャー挑戦をひとまず封印、日本ハムで二刀流に挑むことになったと聞いている。結果として、その決断は正しかったようだ。

1年目の大谷は、ピッチャーとして登板13試合、3勝0敗、防御率4・23。バッターとしては出場77試合で打率・238、ホームラン3本、20打点という成績に終わったが、身体を大きくした2年目には11勝4敗、防御率2・61、打率・274、10本塁打、31打点をマークした。「10勝、10本塁打」は日本プロ野球史上初。メジャーでも、かのベーブ・ルースが1918年に記録したのが最後だという。

ホームランを10本打つのに要した打数は212。1本に要した打数を示す本塁打率は21・2となり、これは2年目に17本塁打を放った王貞治の25・1を上回っている。

こうした快挙を目の当たりにして私は、「最多勝とホームラン王の両方を獲るくらいの気持ちでやれ」と思うようになった。

そして迎えた3年目は、バッティングは不振だったものの、ピッチャーとしては開幕投手を務め、開幕6連勝を飾るなど15勝をあげて最多勝。防御率2・24、勝率・750で三冠を獲得する。

バッティングで目を見張る進化を遂げたのは4年目である。前年は各チームに研究され、縦の変化球と緩急で崩された観があった。三振の確率は前年の倍だった。しかし、このシーズンははじめて出場試合が3ケタを突破（104試合）、シーズン序盤には5試合連続ホームランを放つなど、22本塁打、打率・322、67打点をあげる。ピッチャーとしては10勝と前年を下回ったが、マジック1で迎えた9月28日の西武ライオンズ戦で1安打15奪三振の完封勝利を飾って胴上げ投手になっている。規定投球回数が3イニング不足していたため、2年連続のタイトル獲得こそならなかったものの、防御率1・86はリーグ1位の石川歩を上回る数字だった。

とりわけ光ったのは、福岡ソフトバンクホークス戦での活躍である。投げては4試合に登板して2勝0敗、防御率1・26。打っては21試合で打率・411、9本塁打、16打点。7月3日には「1番・ピッチャー」として初球先頭打者ホームラン、投げても8回無失点10奪三振の快投。こうした奮闘が最大11・5ゲーム差をひっくり返してのリーグ優勝につながったのは間違いない。

そして、クライマックスシリーズ・ファイナルステージでも第1戦に「8番・ピッチャー」で出場して勝利投手になると、指名打者で出場した日本シリーズ進出がかかった10月16日の第5戦では、9回にリリーフとして登場。自身が持つ日本最速記録を更新する165キロのストレートを投げ込み、日本一への足がかりを築く。広島との日本シリーズは第1戦でKOされたが、2連敗で迎えた第3戦の延長10回にサヨナラヒットを放って4連勝への流れをつくり、最後は史上初となる投手部門と指名打者部門でのベストナイン、MVPを受賞してシーズンを締めくくったのである。

日本でプレーする最後のシーズンとなった5年目は、故障の影響で投打とも振るわなかったものの、最終登板となった10月4日のオリックス戦では、バッターとして4打数1安打、ピッチャーとしては10個の三振を奪う完封勝利で、66年ぶりとなる「4番・ピッチャー」を完遂した。

率直な意見を述べれば、ピッチャーかバッターのどちらかに専念したほうがいいといまでも私は思っている。個人的にはピッチャーがいい。１６０キロのボールを投げられる選手はそうはいない。これはまさしく天性である。バッター転向など、いつでもできるからだ。

とはいえ、二刀流であれだけの成績を残している。天は大谷に二物どころか三物も四物も与えた。いまだかつてそんな選手はいなかったし、これからも出てこないだろう。

であれば、二刀流、大いにけっこう。本人が望む以上、行けるところまで行けばいい。最多勝とホームラン王の両タイトルを獲ってやるくらいの気持ちでやれ――私はそう思うことにしたのである。

１６０キロをアウトローにきちんと投げ込める

それでは、大谷のどこが「１００年にひとり」なのか。

まずはそのサイズだ。身長１９３センチ、体重95キロ。われわれの時代に較べれば日本人野球選手の体格ははるかに大きくなったが、そのなかにあっても大谷は大柄で、メジャーリーグにおいても遜色ない。お父さんは社会人野球の、お母さんはバドミントンの選手だったそうだが、大きな身体に生んでくれた両親に感謝しなければならない。

その恵まれた身体を活かし、ピッチャーとして160キロのボールを投げる。これだけでも稀有な存在であるのに、制球力も悪くない。私が「原点」と呼ぶ、アウトコース低めにきちんと投げ込む能力を備えている。

各球場にスピードガンが設置され、球速がスコアボードに表示されるようになってからというもの、とくに若いピッチャーがスピードを意識するようになった。欲を出すようになった。しかし、無理に速いボールを投げようとすれば、力んでしまう。その結果、上半身の力が勝るかたちとなり、フォームのバランスを崩してしまう。いまはニューヨーク・ヤンキースのエースとなった田中将大がそうだった。

ルーキーイヤーに11勝をあげて新人王になった田中は2年目、「ストレートで空振りをとれるようになりたい」と、スピードに磨きをかけた。ところが、ストレートが速くなったことで力任せに三振をとりにいき、それを狙い打ちされるケースが目立った。そのうえ、フォームのバランスを崩し、肩を故障。キレとコントロールまで失ってしまい、9勝に終わった。しかし、翌シーズンはキャンプからバランスのいいフォームで投げることを第一に心がけ、15勝をマークしたのである。

田中がヤンキースに移籍したいまも「バランスを重視している」と語っているように、ピッチングは上半身と下半身のバランスが非常に大切だ。そのためには、コントロールに磨きをかけるのがいい。コントロールを意識して投げればおのずとバランスがよくなり、球速も増すものなのである。

大谷は日本にいたころからそのあたりのことをきちんと理解していたようで、「スピードは自分の持ち味」だとしつつも、「何キロ出したいと思ってやるのではなくて、細かいところを突き詰めていけば相乗効果で伸びていくと思っている」という趣旨の発言をしていた。「空振りをとるより、見逃しの三振をとったときがいちばん気持ちがいい」とも語っていた。あの若さで、しかも日本最速のボールを投げながら、こうした冷静な考え方ができるのはたいしたものである。

プロデビュー戦で見せたバッティングの修正能力

一方、バッターとしてのすごみはどこにあるのか。

長打力はもちろんだが、とりわけ修正能力の高さが目を引く。プロデビュー戦となった2013年、西武との開幕戦。「8番・ライト」で先発出場した大谷は、岸孝之と対した初打席でツーナッシングからインコースのストレートを見逃し、三振に倒れた。しかし、5回の第2打席では、同じインコースのストレートをライト線に弾き返し、二塁打にした。1打席目では手が出なかったインコースのボールをきっちりさばいたのである。高校を卒業したばかりの開幕戦、しかも相手チームのエースを相手に、そんな芸当ができるとは舌を巻くしかない。

1年目は、スイングにいったときに軸足が「く」の字に折れ、左肩が下がることが気になった。しかし、翌年は体幹を強化した成果だろう、軸足にしっかり重心を乗せ、スムーズで鋭い回転運動ができるようになった。軸足が曲がらないので左肩が下がることもなく、内側からバットが出て、外角球でも強く叩けるようになっていた。

唯一の弱点だったアウトローも、シーズンを重ねるごとに克服していき、2016年には3割以上の打率をマーク。9分割したストライクゾーンのうち、アウトコース高めを除くすべてのゾーンで3割を超える打率を残し（真ん中からインコース寄りのゾーンはすべて4割以上）、打ち損じは期待できないようになった。この数字は大谷の修正能力の高さを雄弁に物語っている。

そしてなにより、大谷が登場すると、「何かが起こるのではないか」というムードにスタジアムが包まれる。つまり、理屈では説明できない、「何か」を大谷は持っているのである。スーパースターとはそういうものだ。

そして、その期待に応えられるのが、大谷が「怪物」たる所以《ゆえん》だといえる。象徴的だったのが、2016年のシーズン後に行われた、侍ジャパンの強化試合だった。オランダとの第3戦で、大谷は4点をリードされて迎えた5回に追撃ののろしをあげるホームランを放つと、第4戦は6点を追う7回に代打で登場、東京ドームの天井に吸い込まれる特大の「二塁打」。この一打で火がついた日本は、一挙に6点を奪い、同点に追いついたのだった。

ひっくり返ったメジャー関係者の評価

２０１７年オフ、大谷はロサンゼルス・エンゼルスと契約し、晴れて憧れのメジャーリーガーとなった。

ただし、メディアをはじめとするメジャー関係者の大谷に対する開幕前の評価は、決して高いとはいえなかったようだ。メジャーでも二刀流を続けると大谷が表明したことについては「不可能」という声が大半を占め、「ジョーク」と受け止めていたメディアも多かったらしい。

というのも、２０１７年の大谷は、足首のケガで3月のＷＢＣを辞退したうえ、４月には一塁への走塁の際にハムストリングスを痛め、登録抹消。ピッチャーとして登板したのはわずか5試合、25回１／３を投げただけ（３勝）。バッターとしても打率こそ・３３２の数字を残したものの、出場は自己最少の65試合、ホームランも前年の

22本から8本に減少していた。

加えて、メジャーでのオープン戦でも不振を極めた。ピッチャーとしては2試合に登板し、防御率はなんと27・00。11試合に出場したバッターとしても打率・125、本塁打どころか長打すら一本も打てなかったのである。

「マイナーでスタートすべき」

そういう意見が大多数だったと聞いている。

しかし、開幕と同時にメディアの論調は180度ひっくり返った。3月29日、敵地オークランドで行われたアスレティックスとの開幕戦に「8番・DH」でバッターとしてデビューし、初打席初安打を放った大谷は、4月1日のアスレティックス戦でピッチャーとして初先発。いきなり初回から160キロをマークする。2回にスライダーをマット・チャップマンに左翼席まで運ばれ、3点を奪われはしたものの、ミスピッチはそれだけ。6回を被安打3、3失点、6奪三振に抑え、勝利投手となったのである。スリーランを浴びたチャップマンも、次の打席はしっかり空振り三振に斬って取った。

続く4月3日、本拠地でのクリーブランド・インディアンス戦は「8番・DH」で出場。初回、左中間スタンドにメジャー初本塁打を叩き込むと、4日と6日にもホームランを放ち、3試合連続ホームランを記録。

4月8日には2度目の先発マウンドに立ち、アスレティックス相手に7回無失点（7回一死までノーヒット）、12奪三振というほぼ完璧なピッチングを展開、2勝目をあげたのである。

こうした活躍に対し、メジャーリーグは9日、大谷を週間MVPに選出。二刀流選手の受賞はもちろん初で、メジャー1年目の日本人選手としても過去最速、23歳9ヵ月での受賞も史上最年少だったという。

「おそらくいまのメジャーリーグで最大のストーリー。すばらしいデビューだ」

MLBのロブ・マンフレッド・コミッショナーはそう語り、メディアも手のひらを返したように大谷を称賛するようになった。なかには「MLBは野球そのものを変えるスーパースターをみつけたのかもしれない」とまで述べた記事もあったという。

「現役最高」バーランダーを本気にさせた

メジャーが大谷の実力を認めたという事実を如実に示したのが、5月16日のヒューストン・アストロズ戦だった。アストロズの先発は、「現役最高」と評されるジャスティン・バーランダー。結果として大谷は4打数ノーヒット、3三振と完璧に封じられたのだが、この4打席が、大谷がメジャーでも一流であることを証明することになったのである。

第1打席でバーランダーは、フルカウントからの7球目にスライダーを投じ、空振りの三振に仕留めた。バーランダーによれば、初対決で、しかもルーキー相手にスライダーで勝負するのは「自分がふだんすることではない」そうだ。並のバッターならストレートを投げておけば充分という意味だろう。

しかし、事前に大谷の映像を入念にチェックした結果（このこともバーランダーが大谷を警戒していたことを表している）、大谷が「ファストボールに対して何回も印象的なスイングを見せていた」こと、そして「スライダーへの反応がよくない」と判断したことから、勝負球としてスライダーを選択したのだという。大谷は、通算193勝（当時）のサイ・ヤング賞投手を、初対決から本気にさせたのである。

第3打席でもバーランダーは本気を感じさせる投球を見せた。インコースを攻めて「内側に来る」と意識させておいて、2－2の平行カウントからアウトコースのフォーシームで空振り三振に斬って取ったのだ。「ルーキーとは考えず、ベテランに対するときのような組み立て方をした」結果だった。

試合後、大谷は「いくら払ってでも経験する価値がある」と称賛したが、バーランダーも「もし失投があったら打たれていたと思う」と話していた。これは決してお世辞ではないだろう。メジャーを代表するピッチャーが大谷の実力を認めたのである。

私が大谷の成功を確信していた理由

ところで、この私は大谷のメジャー挑戦について、いかなる予想をしていたか――。

「間違いなく成功する」

確信していた。

第一の根拠は、メジャー全体の力が落ちていることである。じつは、私も現役時代、メジャーリーグに誘われたことがある。

「行く気があるなら、その方向で動くが、どうだ？」

メジャー関係者からそう言われたのだ。南海の左ピッチャーだった村上雅則がサンフランシスコ・ジャイアンツでデビューする前の話だから、もし実現していれば私が初の日本人メジャーリーガーとなっていたかもしれない。

しかし、私自身にまったくその気はなかった。とんでもないと思った。自信がなかったのだ。というのは、日米野球で彼我の実力の差をまざまざと見せつけられていたからである。

当時の日米野球は、来日チームと全日本や単独チームが十数試合戦うというかたちで数年おきに開催されていたのだが、とにかくまったく歯が立たなかった。向こうは半ば観光気分で来日しているのだが、日本勢はほとんど勝てない。なによりも彼らのパワーに圧倒された。そんな選手たちに交じって自分がやれるとはまったく思えなかった。メジャーリーグは、遠い遠い世界に見えた。

そのころに較べれば、いまのメジャーのレベルは明らかに落ちている。球団数が増えたからだ。もともとは16球団だったのが、いまは30球団。当然、選手の数が足らず、昔なら3Aクラスの選手でも活躍できるようになっている。これは私の憶測ではない。ヤクルトスワローズのユマキャンプに臨時コーチとして参加してくれた、メジャー3球団の監督を歴任したパット・コラレスが指摘していたことだ。

ふたつめの根拠としては、日本にいてもメジャーリーグの情報がかんたんに入るようになったことがあげられる。1995年に野茂英雄が海を渡って以来、メジャーリーグの試合が連日放送されるようになった。多くの日本人がメジャーリーガーのプレーを直接目にすることができるようになったのである。中継に付随して、さまざまな情報も伝えられる。私が現役のころには考えられなかったことだ。

私の世代の選手たちは、メジャーリーガーを過大評価していた面もある。日米野球で来日するような選手は多くが一流だったから、大きなコンプレックスを感じさせられたものだ。

しかし、現実にはメジャーにも日本人選手と大差ない選手もいる。メジャーの中継がはじまってから、その事実が明らかになった。だから、いまの選手たちは私が抱いていたようなコンプレックスをそれほど感じていないと思う。メジャーだからといって、萎縮することなくプレーできるのだ。

そしてもうひとつ、日本野球のレベルが進歩したことも、私に大谷の活躍を確信させる確固たる根拠となった。実際、野茂を筆頭に、数多くの日本人選手がメジャーの舞台で結果を残してきた。とくにピッチャーはおおむね成功している。こうした事実を考えれば、日本で圧倒的な成績を残した大谷が活躍できないはずがないのである。

メジャーリーガーにとってフォークは魔球

メジャー1年目の大谷は、ピッチャーとしては6月に右ひじを故障したため、登板10試合、投球回は51・2イニングにとどまったが、4勝をあげ（2敗）、防御率3・

3１、奪三振63。バッターでは１１４試合に出場し、打率・２８５、メジャー1年目の日本人打者最多となる22本塁打、61打点という成績をあげ、新人王に輝いた。１年目としては上々の数字といえるだろう。

あらためて大谷が活躍できた理由を考えてみよう。

まずピッチャーとしてだが、大谷は１６０キロを超えるストレートに加え、フォークボールを持っている。フォークはメジャーにおいては強力な武器となる。メジャーのピッチャーはフォークをほとんど投げないからだ。ひじを痛めるというのがその理由らしいが、それゆえバッターにはなじみがないのである。

はるか昔の話だが、日米野球で私は、阪神の村山実とバッテリーを組んでメジャーリーガーを完封したことがある。１９６２年、デトロイト・タイガースを迎えての第16戦だった。

〝ビッグガン・トリオ〟と呼ばれたアル・ケーライン、ロッキー・コラビト、ノーム・キャッシュの３人を中心とする強力打線を武器に、タイガースはこの日米野球でもすさまじい破壊力を見せつけていた。村山も第7戦で先発したときは力勝負を挑み、タイガース打線の餌食となった。

そこで私は、この試合ではストレート勝負は避け、アウトコース低めのスライダーとインコース低めのシュートで左右にゆさぶり、最後は村山の武器であるフォークで勝負というリードを選択した。

この配球がものの見事にうまくいった。タイガース打線のバットはおもしろいように空を切り、7回までノーヒットピッチングを展開したのである。タイガースのシェフィング監督は、ベンチでバッターに叫び続けていたものだ。

「あのムービングファストボール（フォークボール）をなんとかしろ！」

試合後、シェフィング監督は村山に言ったそうだ。

「来年はうちのピッチャーになれ。おまえと契約したい」

メジャーリーガーにとって、フォークはまさしく魔球だったわけだ。

村山のみならず、野茂や佐々木主浩《かづひろ》をはじめ、それなりの結果を残したピッチャーの多くは鋭いフォークを持っていた。いまだフォークは大きな威力を発揮するのである。

メジャーのストライクゾーンも武器になった

もうひとつ、メジャーリーグのストライクゾーンも、大谷にとっては武器となったと私は見ている。

というのは、メジャーの審判はアウトコース低めに甘いのである。その代わり、インコース高めはからい。その理由を私は審判に直接訊ねたことがある。するとこういう答えが返ってきた。

「インコース高めをストライクにとると、ピッチャーはどんどんそこを突いてくる。そうなるとデッドボールが増え、バッターが危険になる」

だからインコース高めのボールは、日本ならストライクとなるコースであってもボールになる。そのぶん、アウトコース低めを広くとるため、メジャーのストライクゾーンは日本のそれに較べると、ボールひとつぶんアウトコース寄りなのである。

したがって、アウトコース低めにきっちり投げられる「原点能力」がメジャーで成功するには必須となるわけだが、大谷は先ほど述べたように、この能力が高い。日本よりむしろメジャーのストライクゾーンのほうが効果的に使えるのである。ストライクゾーンが武器になったと述べたのは、そういう意味だ。

ピッチャーには、原点に投げ込めるだけのコントロールと、何かひとつ秀でた球種があればいい。このふたつがあれば、メジャーであろうとどこであろうと活躍できる。大谷の場合、原点能力に加え、160キロのストレートとフォークボールという並のピッチャーには投げられないボールがふたつもある。キャンプでは繰り返しフォークを投げ、感覚をつかんだと聞く。通用するのは約束されていたのである。

さらに付け加えれば、メジャーではあまり大谷を足でゆさぶる光景を見なかった。好投手を攻略するには、ただ打つだけでは難しい。バントを使って走らせるとか、塁に出たらリードで誘うとか、足をからめることが必要になる。にもかかわらず、メジャーはそういう攻め方をしないのだ。これも、大谷には好都合だったといっていいだろう。

バッター大谷は「ストレート狙い」が基本だが……

次に、バッターとして好成績を残した要因を考えてみる。

よく言うのだが、どんなバッターであろうと、共通するテーマがある。「変化球への対応」がそれだ。バッティングでもっとも重要なのはタイミングである。かりにもプロに入ってくるようなレベルのバッターであれば、あらかじめストレートを待っていればどんなに速いボールであろうとバットに当てることはできるし、変化球が来るとわかっていれば打ち返すことができる。ところが、ストレートを待っているときに変化球を投げられると、そうは問屋が卸さない。タイミングを合わせるのが難しくなるからである。

そこで、たいがいのバッターは、こうした変化球に対応すべく、なんらかの準備をしている。キャッチャーである私は、その準備の仕方からバッターを４つのタイプに分類していた。

第一は、いつもストレートを待ち、それで変化球にも対応しようとするA型。これは理想型であり、高度な技術はもちろん、反射神経と動体視力にすぐれていることが条件となる。長嶋茂雄やイチローといった天才がその典型といえる。

次に、インコースかアウトコースか、狙うコースをあらかじめ決めておくB型。

三つ目がレフト方向かライト方向か、打つ方向を決めるC型。

そして、球種を絞る、すなわちヤマを張るタイプがD型である。ちなみに私はこのタイプだった。むろん、たいていのバッターは状況やピッチャーによってこの4つを使い分けるわけだが、基本的にはいずれかのタイプにあてはまると言っていい。

それでは大谷は何型かといえば、いうまでもない、A型であろう。本人もこう語っている。

「ベースを通るボールを、どんな球種でも速度でも考えず、来た球をホームランにできるのが理想」

ただし、「そのためにはやることがたくさんある」と続けて話していたように、見逃し方を見ていると、ただ来た球を打ち返すのではなく、あらかじめ球種なりコースなりをある程度絞っているように見受けられる。あれだけの天性があれば、ふつうは何も考えずにボールと対峙するところだが、天性だけに頼らないのはさすがとしかいいようがない。これが、バッター大谷が活躍できる第一の理由だろう。

「カベ」が崩れない秘密は右つま先

ホームランバッターでありながら、大谷はバットコントロールも非常に巧みである。タイミングをはずされたり泳がされたりしても、右手一本で上手にバットを制御し、ヒットにすることがよくある。

なぜ、そんな芸当ができるのだろうか。

その理由は、いわゆる「カベ」が崩れていないからである。

バッターは、空振りや詰まることが嫌なので、本能的にボールを迎えにいこうとするものだ。しかし、そうなると身体が開きやすくなり、落ちるボールや逃げていくボールに対応できなくなる。しかし、大谷は身体が開かない。

なぜか。スイングする際の大谷の右足に注目してほしい。たとえタイミングを狂わされて泳がされても、右足のつま先が外に開くことはないはずだ。必ず内側を向いている。ぎりぎりまで軸足（大谷の場合は左足）に重心をしっかり残し、われわれが言うところの「タメ」をつくっているのである。

だから、右肩のカベが崩れない。つまり、身体が開くことがないから、アウトコースに逃げていくボールであっても、落ちるボールであっても、バットが残り、ついていくことができるのだ。右手一本であっても内野を越すことができるのである。

また、大谷を見ていると欲が感じられない。来た球を素直に打ち返している。あれだけの長打を打てれば、ふつうはホームランを狙って引っ張りたくなるものだ。ところが、大谷にはそういうところが見られない。無理なく素直に広角に打ち分ける。これも彼のすばらしいところだと思う。

メジャーの投手に対応したフォームに変更

そして高い修正能力。これこそがやはり、バッター大谷が1年目から活躍できた最大の要因だろう。メジャー移籍後も大谷は、類稀《たぐいまれ》なる修正能力の高さを存分に発揮した。

開幕前のオープン戦で大谷は、前述したように投打とも苦戦した。しかし、シーズンがはじまると、しっかり修正した姿をわれわれに見せつけたのである。

顕著だったのは、日本時代は右足を上げてタイミングをとっていたのを、右足は地面につけたまま、足をひねることでタイミングをとるようになったことだ。

それで思い出すのがイチローである。イチローといえば、振り子打法がトレードマークだった。しかし、アメリカに来てからはそのスタイルをやめた。メジャーのピッチャーにタイミングを合わせるためだ。

日本のピッチャーは下半身でタメをつくり、「いち、に～、さん」というリズムで投げてくる。対してメジャーは、「いち、に、さん」で投げてくる。下半身でタメをつくらず、上半身の強さを活かした投げ方をするのである。しかも、総じて日本のピッチャーよりもスピードがあってさしこまれやすいうえ、ボールがバッターの手前で動く。こうしたことに対応するため、イチローは右足を振り子のように上げるスタイルを封印し、かつステップの幅を狭くしたのだと私は思う。

大谷がフォームを変えたのも同じ理由だろう。オープン戦では速球でさしこまれてゴロになるケースが多かったし、手前で変化するメジャー特有のボールにもとまどっていた。「いままでのフォームでは通用しない」と悟ったのだろう。足を上げなければ飛距離は多少犠牲になるおそれはあるが、頭が上下に動くことがなくなる。それだけしっかりボールを見られ、手前で変化しても対応しやすくなるというわけである。

ただ、言葉でいうのはたやすいが、実行するのはそれほどかんたんではない。ましてや類稀な天性に恵まれ、日本では結果を出していたのだから、変わることを恐れても不思議はないし、自分のやり方に固執するのがふつうだ。しかし、大谷は変わることを厭《いと》わなかった。新しいことに積極的に挑戦したのである。なかなかできることではない。

おそらく、大谷は「野球頭脳」も非常にすぐれているのだろう。前半戦より後半戦のほうがよい成績を残したのがその証拠といえる。

結果を出せば、当然相手に研究・分析される。となれば、それ以上に進化しなければ成績が下降線をたどるのは必然。後半のほうが成績が向上したという事実は、大谷がつねに工夫し、改善したことの証明にほかならない。

たとえば、初対戦では完敗だったバーランダーとのその後の対決。

「ここまで品のある球はこれまで経験したことがなかったので、逆にそこをクリアしていく楽しみというか、技術も含めて、そこが今後の自分にとって大事」と初対戦後に語った大谷は、7月23日の2回目の対戦でインコースのストレートをライト越えの二塁打にすると、「4番・DH」で出場した8月25日の3回目の対戦では、第1打席で2ストライクと追い込まれながら、それまで対応に苦しんでいたチェンジアップを右翼線に弾き返して二塁打。第2打席は同じくチェンジアップをバックスクリーンに叩き込んだ。

日本でプレーしていたころ、大谷はデータを活用することはあまりなかったらしい。しかし、メジャーに来て、とくにバッターに専念するようになってからは、対戦相手をしっかり研究するようになったそうだ。チームのスカウティング部門からのデータだけでなく、チームメイトから情報を得てはノートに書き留めているという。

私ならバッター大谷をこう攻める

さらに、メジャーのストライクゾーンがピッチャー大谷にとって有利に働いたように、バッター大谷に対する各チームの攻め方も、大谷に利するところが多かったように私には見えた。

メジャーでの打席を見るかぎり、大谷はローボールヒッターだ。腕が長いから、身体から遠いところは強い。ヒットやホームランにしたボールはアウトコース寄りが多かった。そのぶん、やはりインハイに対しては苦労する。身体を回転させてうまく打ってはいるが、それでも腕が長いぶん、どうしても窮屈になる。得意なはずはないのである。ところが、私が見たところでは、メジャーのバッテリーは厳しいインハイ攻めをすることがあまりなかった。

強打者、とくにホームランバッターに対しては、アウトコース低めを中心に攻めるのが定石である。しかし、そこを攻めるだけではいけない。どこかでインコースを意識させておくことが必要なのである。そうすることで、はじめてアウトコース攻めが生きてくる。

一発があるホームランバッターはインコースに強いというイメージがある。しかし、それはインコースの「ストライク」の話。「ボール球」はじつは多くが苦手としている。インコースに甘く入ったボールは確実にスタンドに運ぶが、ボールひとつぶんはずれたところは凡打になる確率が高いのである。

その最たるバッターが王だ。右足を高く上げる王は、じつはインコースをさばくのはそれほどうまくない。インコースのストライクから身体寄りにスライドするボールを投げれば、いつでもストレートのタイミングで振ってくる王の打球はほぼ確実にファウルになる。

ただ、そのファウルがすごい当たりなので、インコースを攻めるのが怖くなる。しかも、球界の至宝にぶつけるわけにはいかないから（私は盛大にデッドボールをくらったものだが）、ますますアウトコース中心の攻め方になる。しかし、真ん中からアウトコース寄りのゾーンは王の大好物なのだ。アウトコースがちょっとでも甘く入れば、確実にホームランにするのである。

大谷も基本的には同様だ。ストライクゾーンのボールはインコースであっても確実にヒットにする。

そこで、私なら大谷に対してはこう攻める。まずはインコースに食い込むスライド系のボールでファウルを打たせて、カウントを稼ぐとともにインコースを意識させる。そして、追い込んだらアウトコースのボールゾーンからストライクゾーンギリギリに入ってくるカーブで見逃しを狙うか、もしくは外寄りの落ちるボール球でひっかけさせる。これが基本的な攻め方になる。

しかるに、私が見た打席では、各バッテリーはそれほど厳しくインコースを攻めていなかった。先に述べたように、審判がインハイに厳しいからという理由に加え、4月下旬のヤンキース戦で、その年の開幕投手にして19勝をあげることになるルイス・セベリーノのインコースのストレートをライトスタンドにライナーで叩き込んだことも影響したのかもしれない。セベリーノは試合後、「もう二度とインコースには投げない」と語ったそうだ。

しかし、それでは大谷の思うつぼ。「インハイはこない」と見抜かれてしまえば、アウトコースを狙い打ちされるのは当然なのである。

加えて、メジャーのキャッチャーのリードはアバウトだ。

「将棋とポーカー」

私は日米の配球をよくこうたとえる。日本のキャッチャーは、将棋の棋士のように、先の先、裏の裏を読んだうえでサインを出す。対してアメリカは、出たとこ勝負。大雑把なのである。ピッチャーがいちばんストライクをとりやすいボール、自信のあるボールを打たれたら「運が悪かった」と考えるのがメジャーリーグのリードなのだ。対戦回数が少ないから、日本のように相手を徹底的に分析することもない。だから、大谷が投げてほしいところに投げてくるケースが何度も見られた。

課題はストレートの回転数

もちろん、大谷はまだ25歳ゆえ、ピッチャーとしてもバッターとしても物足りない部分はある。

まずピッチングについてだが、たしかに大谷は160キロのストレートを投げる。ただ、意外にストレートで空振りがとれていない。日本最速の164キロを記録したときも、糸井嘉男にヒットを打たれた。ということは——実際にバッターボックスに立ったわけではないから想像でしかないのだが——球速のわりにボールに伸びがないのではないか。

ストレートには、手元でぴゅーっとホップするように感じるストレートと、まっすぐズドーンとくるストレートがある。阪急ブレーブスにいた山口高志は、私が対戦したなかでもっとも速いと感じたピッチャーだが、彼はストレート一本槍といっても過言ではなかった。にもかかわらず、なかなかバットに当てることができなかった。ストレートがくるとわかっているのに、バットが空を切るのである。バッターの手前でホップするからだ。バッターの予想より、ボールの軌道が上を行くのである。全盛期の江川卓もそうだった。その証拠に、バッターはボールの下を振っていた。こういうタイプのストレートは、スピードガンの数字以上に速く感じるものなのだ。

対して、「ズドーン」の典型は、ロッテオリオンズにいた村田兆治だろうか。こちらは速いことは速いが、予想通りの軌道を描くので、バッターからすれば比較的当てやすいのである。大谷はおそらくこのタイプなのだろう。だから、スピードガンの表示ほど体感速度は速くなく、空振りが少ないのだと思う。

大谷とバーランダーのストレートを比較すると、そのことがよくわかる。大谷と対戦したときのバーランダーのストレートの球速は、スピードガンの表示では大谷より遅かった。にもかかわらず、大谷は高めのストレートを空振りしていた。

ホップするボールを投げるために大切なのは、リリースポイントを工夫することだ。ボールを離す瞬間に指でしっかりと回転をかける。これが手元でホップするボールを生み出すポイントになる。ストレートで空振りをとれるピッチャーになれれば、ピッチングの幅も広がるはずである。

苦手なサウスポーの攻略法は王に学べ

バッターとしてはやはり、左ピッチャーにいかに対するかが課題となるだろう。メジャー1年目の大谷は、右ピッチャーに対しては227打数で打率・313、20本塁打という堂々たる数字を残したが、対サウスポーには99打数で・222、2本塁打しか打てなかった。

一般に、左バッターは左ピッチャーを苦手としている。しかし、これが私には不思議なのである。左バッターが左ピッチャーを苦手とするならば、右バッターが右ピッチャーを打てなくても不思議はない。しかし、そんな話は聞いたことがない。私は右バッターだが、右ピッチャーを苦にすることはなかった。

サウスポーが苦手な左バッターが多いのは、おそらく左ピッチャー自体が少ないからではないか。右ピッチャーに較べると対戦する機会が少ないから、慣れていないのである。理由はそれだけだと思う。

現に、左バッターであっても、王はサウスポーをまったく苦にしていなかった。イチローも、メジャーリーグにおける対右ピッチャーの打率が・304だったのに対して、左には・329と、むしろ左のほうが得意だったほどだ。

左ピッチャーを苦にしない理由を王に訊ねたことがある。

「スライダーのイメージで待っている」

王はそう言った。サウスポーと対戦するときはいつもスライダーのタイミングで待ち、ストレートが来たらコンパクトにバットを出すというのである。

たしかに左ピッチャーが投じるアウトコースに逃げていくスライダーは打ちにくい。ストレートを待っているとどうしても身体が開き、カベが崩れやすくなる。スライダーをイメージしていれば、カベを保つことができ、身体が開かないというわけである。

もっとも、修正能力の高い大谷のことだ。メジャーの左ピッチャーに慣れてくれば、それほど苦労することはなくなるだろうし、そうなってはじめて一流といえるのである。

プロ野球選手・大谷をかたちづくった目標達成シート

まだ日本ハムに在籍していたころのことだが、大谷と言葉を交わしたことがある。とても素直で謙虚。性格もよいという印象を受けた。さぞやモテるだろうに、うわついたところはなく、もっと成長するためにはどうすればいいのか、何が必要なのか、しっかりと考えているようだった。

当時はまだ二十歳をいくつか過ぎたばかり。そうした謙虚さや向上心はいったいどこからくるものなのか不思議だったが、その理由の一端を窺《うかが》い知れるものがあった。大谷が高校一年生のときに作成した「目標達成シート」なるものがそれだ。大谷を指導した花巻東高の佐々木洋監督が、選手たちに課したものだという。

これは「マンダラチャート」とも呼ばれ、ビジネスでも用いられるものらしい。9×9の計81マスからなる表の真ん中に最終目標を記入し、その回りの8マスにそのためにすべきこと、必要なことを記入していくというものである。

そのとき大谷が記した最終目標は「ドラ1　8球団」というもの。すなわち、ドラフト1位で8球団から指名を受けるという意味だ（8球団というのは、花巻東高の先輩である菊池雄星が6球団から指名されたことを意識した数字らしい）。そして、それを達成するために必要な要素として、「コントロール」「キレ」「スピード160km／h」「変化球」「運」「人間性」「メンタル」「体づくり」を掲げている。

そのうえで、8つの要素を達成するために必要なことをまた、各要素を囲む8マスのなかに書き込んでいく。

コントロールであれば、「体幹強化」「軸をぶらさない」「不安をなくす」「メンタルコントロールをする」「体を開かない」「下肢の強化」「リリースポイントの安定」「インステップ改善」。

スピードならば、「下肢の強化」「体重増加」「肩周りの強化」「ピッチングを増やす」「ライナーキャッチボール」「可動域」「体幹強化」「軸でまわる」。

メンタルは、「一喜一憂しない」「頭は冷静に心は熱く」「雰囲気に流されない」「仲間を思いやる心」「勝利への執念」「波をつくらない」「ピンチに強い」「はっきりとした目標・目的をもつ」といった具合だ。

なかでも、ドラフトで8球団に指名されるために必要な項目として「人間性」をあげているのが、私には興味深かった。「人間的成長なくして技術的成長なし」と私は選手たちに言い続けてきたからだ。

「人間性」を高めるために心がけることとして、大谷は「愛される人間」「計画性」「感謝」「継続力」「礼儀」「思いやり」といった項目をあげている。また、「運」については、「ゴミ拾い」「部屋そうじ」「審判さんへの態度」「本を読む」「あいさつ」などがあげられているところに、大谷の性格があらわれている気がしないでもない。

「自分はこうなりたい」「これがしたい」

人間が成長するためには、そういう具体的な目標を持つことが非常に大切だ。それがみずから能動的にやるべきことに取り組もうとする意欲の源泉となるからである。

しかし、目標というものは、一朝一夕に辿り着けるものでもない。「目標を達成するためには、どうすればいいのか、何が必要なのか」を徹底的に考え、小さなこと、小事を積み重ねていくことで少しずつ近づいていくものなのである。その過程が潜在能力と可能性を引き出すことになる。「小事が大事を生む」のだ。大谷は、まさしくそういう道を歩んできたのではないか。小事を積み重ねていった結果、いまの大谷があるのである。

もっと自惚れろ！

ただ——。まったくの個人的かつ勝手な希望であることは承知のうえで、私は大谷にあえて言いたい。

「もっと自惚《うぬぼ》れろ！」

渡米前、目指すべきピッチャー像を訊かれて、大谷はこう語っていた。

「たとえ1、2点負けていて終盤を迎えても代えられないピッチャーでいたい。監督が中継ぎに代えようと思うのか、いや大谷なら抑えてくれるんじゃないかと思ってもらえるか、その差はすごく大きいと思っているし、そういうピッチャーがいるかいないかというのは、チームにとって全然違うと思う」

正しい。信頼されるのは選手にとっていちばん大事なことであり、エースの条件だ。ふつうのピッチャーなら、「三振をとれるピッチャー」とか「タイトルを獲りたい」とか、そういう目標を掲げてもおかしくないが、大谷はチームの絶対的なエースを思い描いているようだ。

一方、理想のバッター像についてはこう語っていた。

「この身体を活かしたうえで、しっかりと長打を打って、ランナーを返す。そういうバッティングができればいいんじゃないかと思っているし、それがぼくの求めてきたスタイルなので。しっかりしたスイングをした結果がホームランになってくれればいちばんいいだろうと思います」

これもまた、正論である。文句のつけようがない。

ただ、こうした発言を聞いて、こう思ってしまうのも事実なのである。

「あまりに優等生すぎる」

ほかのインタビューなどを聞いていても、大谷は非常に謙虚だ。やさしい。いまの若者は総じてそういうものなのかもしれない。

だが、極言すればプロ野球選手に謙虚さは必要ない。むろん、人間として謙虚さは絶対に必要だし、野球選手としても野球に取り組む姿勢においては謙虚でなければならない。けれども、グラウンドに出れば、もう少し我を通してもいいと私は思う。

「チームのなかではおれがいちばん。おれの右に出る者はいない」

そのように自惚れていいし、自惚れるべきだと思う。まして大谷はまだ20代前半だ。大いに「自分が主役」と自惚れていい。

野球には9つのポジションがあるわけだが、そのなかでピッチャーだけは個人記録を狙ってもかまわない。私はそう思っている。大投手というものは、みなそうだった。ピッチャーだけは個人競技なのだ。防御率1位を狙う、最多勝を獲る。そういった目標を第一に考えてもいい。結局はそれがチームのためになるわけだから、ピッチャーだけは個人記録を狙っていいと思うのだ。

バッターとしても、大谷には「おれ以上のバッターはいない」という気概をもってほしいと思う。たとえ不調なときであっても、そういう気持ちで打席に向かう。ピンチヒッターを出されたら、怒るくらいであっていい。ピンチヒッターを出されるということは、信頼されていない証拠であるからだ。どんなに不振であっても代えられないバッター。それを目指さなければならない。

私が引退を決意したのも、代打を出されたからだった。1点を追う8回、一死一、三塁、犠牲フライでも同点という場面で代打を告げられたのである。「おれにまかせておけ」と自信があっただけに非常に腹が立った。そのとき、引退を決めたのだ。

大谷も心のなかでは「自分がいちばん」と思っているのかもしれない。ただ、インタビューなどの受け答えからは、どうもそのようには見えない。優等生的な発言は本心であるような気がする。そこに、「怪物」と呼ぶにはやや物足りなさが残ってしまうのだ。

必然だった右ひじの故障

それはともかくとして、ご承知の通り、大谷はメジャー1年目の途中で右ひじを故障し、靭帯を再建するトミー・ジョン手術に踏み切った。そのため、2019年は二刀流を断念せざるをえなくなり、バッターに専念することになった。

じつは、いずれ肩かひじを痛めるのではないかと以前から私は危惧していた。というのは、大谷はとくにピッチングにおいて下半身をうまく使えていなかったからである。日本ハム時代にコーチとして大谷を見ていた吉井理人もこう話していた。

「投げるのがほんとうに下手くそ。ピッチングフォームの再現性では高卒ルーキーのレベルだと思う」

具体的には「股関節の使い方がすごく下手だ」と吉井は指摘していた。私は「ひざの使い方」が問題だと見ていたが、下半身をうまく使えていないという点では同じだ。

私が南海をクビになり、ロッテオリオンズに移籍したときの監督は金田正一さんだった。カネさんは口癖のように、ベンチから大声でピッチャーに怒鳴っていたものだ。

「足で投げろ！」

どういう意味か当時はわからなかったが、要は「下半身を使え」という意味なのだ。ピッチングは下半身が主導してこそ、バランスがよくなり、制球力もスピードも増すのである。

ところが、人間というものは上半身、すなわち腕は器用に動かすことができるが、下半身はなかなか思うように動かすことが難しい。どうしても腕投げになりやすいので、意識して下半身を動かす必要がある。カネさんはおそらくそう言いたかったのだと思う。

私も新人のピッチャーをチェックする際は、下半身の動きばかり見ている。具体的にはひざの使い方を見ているのだが、ひざがやわらかく、スムーズに動いているピッチャーはよくなる。これは私の実感だ。

しかるに大谷は、上半身のパワーに頼った投げ方をしている。ひざをうまく使えていないので下半身主導のフォームになっておらず、腕投げになっている。足が長すぎて、持て余しているのかもしれない。

吉井によれば、大谷本人も思い通りに投げられないので、フォームには納得がいっていなかったそうだ。たとえ勝った試合であっても、どうしたらいいのか、いつも考えていたという。「(能力の) 10パーセントくらいしか出ていない」と吉井は話していた。それでも抑えられていたのは、上半身の力だけであれだけ速い球が投げられるからだ。その理由を吉井は、「肩の可動域がすごく広い」と指摘していたが、そのまま上半身に頼ったピッチングをしていれば、当然、肩やひじに負担がかかる。それが遅かれ早かれ、故障につながるだろうと私は危惧していた。それが現実のものとなってしまったのである。

完全復活のカギは下半身の使い方

大谷が手術を勧告されたのは9月5日だったという。大きなショックだったと思う。しかし、手術を勧められたその日に大谷は、シーズン最後までバッターとして試合に出ることを決断し、実際にレンジャーズ戦に「3番・DH」で出場、2本塁打を含む4打数4安打3打点の大活躍を見せた。

「(手術を)しないならしないにこしたことはない。それで自分の力が100パーセント出せるならやらないほうがいいけど、そうではないと思った。あらゆる可能性を探しながら、いちばんいいものを選ぼうと思った」

手術を決意した理由を、大谷はそう語った。

ピッチャーはメスをいれたらダメだ――かつてはそれが常識だった。だが、1974年、フランク・ジョーブ博士によって腱を自家移植する手術を受けたトミー・ジョンが復活したことをきっかけに、その常識は崩れた。日本でも村田兆治や荒木大輔、桑田真澄らが同様の手術を受け、復活を遂げた。大谷も手術は成功し、術後の経過も良好だと聞く。

メジャー2年目の大谷は、5月にグラウンドに復帰。6月に入ってからはサイクルヒットを記録するなど調子を上げ、27日には2年連続2ケタ本塁打をマークした。このペースは松井秀喜を抜き、日本人最速だという。前半戦の成績は打率、本塁打、打点とも1年目を上回っており、バッティングに関しては昨季以上の成績が期待できそうだ。

ただ、2020年の復活を目指すピッチャーとしては、以前のようなピッチングができるようになるかといえば、正直、私は疑問だ。もちろん復活はするだろう。けれども、ケガをする前と同じスピードボールを投げるのは不可能だと思う。

実際、1999~2011年に手術を経験したピッチャー147人を対象にしたデータでは、復帰したシーズンに10試合以上投げた投手は67パーセント。フォーシームのスピードもわずかだがダウンしているそうだ。

完全復活のカギとなるのはやはり、下半身の使い方だろう。そのためにはどうすればいいのか。

まずはやはり、走ることだろう。まさしく金田さんがいい見本だ。カネさんがピッチング練習をしているのを見たことがない。ひたすら走っていた。その影響をもっとも受けたのが村田兆治で、彼もよく走った。

もうひとつ、効果があるのは遠投だ。遠投は上体だけではできない。嫌でも全身を使って投げなければならない。やり投げを見ればわかる。遠くに投げるには、上体だけでなく、全身を使わなければならないはずだ。おのずとバランスのいい投げ方が身につくのである。

遠投はカネさんもよくやっていた。カネさんはランニングと遠投で、大きな故障をすることなく400勝したのだから、これに勝る説得力はない。東映フライヤーズで活躍した尾崎行雄も、「遠投がいちばんよかった」と話していた。

下半身をうまく使えるようになれば、バランスのいい、理にかなったフォームで投げられる。そうなればコントロールがよくなるのはもちろんだが、おのずとスピードも戻るはずである。

同時に、バッティングにも好影響を与えるはずだ。ピッチング同様、バッティングでも大切なのは下半身だからである。バッティングは、ギリギリまでグリップを残せるかが重要である。バットが早く出てしまうと、身体が開きやすくなる。グリップを残すためには、「足→腰→腕」の順で動くことが必要であり、そうしてこそしっかりした強い打球が打てる。ヘボバッターはこれが逆、すなわち「腕→腰→足」の順で動いてしまう。上半身に頼りがちになるのである。

足のなかでももっとも大切なのが、ピッチングと同じくひざだ。人間にはいろいろな関節があるが、「皿」があるのはひざだけである。肩やひじには皿はない。「それはどういう意味か考えろ」と選手たちによく言ったものだが、ひざがはずれたら何もできない。はずれないように皿でカバーしているのだと私は理解している。つまり、いかに人間にとってひざが大事であるかということだ。

よく、緊張しているバッターに「肩の力を抜け」とアドバイスする指導者がいる。私も二軍のころにはよく言われたものだ。しかし、そういわれるとますます力が入ってしまうもの。肩の力を抜こうと意識すればするほど硬くなってしまうのである。

そもそも、肩の力を抜いてしまえばバットを振れるわけがない。「肩の力を抜く」とは「リラックスしろ」という意味で、要は無駄な力が入らなければいいわけだ。そこで私が気づいたのが、「ひざの力を抜く」ことだった。実際に意識してやってみると、身体全体の無駄な力が抜けてリラックスできるのである。

リラックスしてひざを動かすことができれば、自動的に肩と腰が回り、肩と腰が回れば腕がスムーズに出てくるものだ。大谷のバッティングを見ていると、まだまだひざをやわらかく使えているふうには見えない。才能に恵まれすぎているがゆえに、バッティングでも上体のほうが勝ってしまっている。いまのままでもあれだけのバッティングができるのだから、下半身、ひざを上手に使えるようになれば、それこそ手がつけられないバッターになる可能性がある。ぜひとも、下半身の使い方を身につけてほしいと思う。

「OHTANI賞」の創設を

ところで、大谷がすばらしいデビューを飾ったあと、マンフレッド・コミッショナーはこう語ったそうだ。

「多くの人々が刺激を受け、同じようにやってみようとする選手が出てくるかもしれない」

その予想通り、二刀流に挑戦する選手が現れはじめた。大谷の所属するエンゼルスの2019年の春季キャンプ参加選手一覧には、「ピッチャー」「キャッチャー」といったポジションのほか、"two-way"という項目があるそうだ。すなわち「二刀流」のことであり、大谷に加え、新たにふたりの選手が名を連ねたという。なかでもジャレッド・ウォルシュという左投げ左打ちの内野手は、前年にマイナーで登板したことがあり、今季は本格的にピッチャーに挑戦。5月には中継ぎ兼一塁手としてメジャー昇格を果たしたそうだ。
また、２０１８年にシンシナティ・レッズで45試合に登板したリリーフピッチャーのマイケル・ローレンゼンは、バッターとしても４本塁打、10打点をマーク。ライトの守備にもついた。同じレッズでは、２０１７年のドラフト１巡目で入団したブレンダン・マッケイが二刀流でメジャー昇格を目指しているという。

シカゴ・ホワイトソックスにいたマット・デビッドソンという内野手も、テキサス・レンジャーズが野手とリリーフを兼任させるべく契約を交わしたとのことだ。

こういう選手が増えると、選手のプロフィールを「ピッチャー」にするのか「野手」にするのか、難しくなる。と同時に、こうした選手の残した記録をいかに評価するかということも問題になってくるだろう。

二刀流の選手は、ピッチャーとして完投すれば、野手として出場するとしても２日程度は休養が必要になる。そうなると、ピッチャー専業もしくはバッター専業の選手を上回る記録を残すことは難しくなる。つまり、二刀流の選手が主要タイトルを獲得するのは非常に困難なのである。

大谷は２０１６年、パ・リーグのＭＶＰを受賞したが、このときの記録はバッターとしては１０４試合出場で打率・３２２、22本塁打、67打点。いずれもタイトルには届いていない。ピッチャーとしても、10勝４敗、防御率はリーグ１位の１・８６だったが、投球回数は１４０イニングで規定投球回数に３イニング足りず、やはりタイトルは獲得できなかった。そのため、ＭＶＰ受賞に異論を唱える声もあったようだ。

もし、大谷もしくはほかの二刀流選手が今後メジャーリーグで２０１６年の大谷クラスの記録を残したら、どう評価すればいいのか。誰もやってこなかった二刀流をこなしたうえ、それなりの記録を残しても、現状の評価方法では、特別賞でも設けないかぎり記録に見合った顕彰をすることはできないのである。

ならば、「二刀流部門」という新たな賞を創設すればいい。そして、その名称は「ＯＨＴＡＮＩ賞」でどうだろう。大谷があとに続く道を切り開いたのだ。充分その栄誉に値しよう。もし、ＯＨＴＡＮＩ賞なるものが誕生したら、大谷翔平はメジャーリーグにおいても「怪物」の称号を与えられることになるだろう。その日まで大谷には二刀流を貫いてほしいし、みずから最初の受賞者になることを私は期待している。

第2章

海を渡った怪物たち

イチロー

私の予想のはるか上を行った天才

大谷がエンゼルスに入団するまでに、何人のバッターが海を渡ったのかは知らないが、日本にいたころと較べて遜色ない成績を残した選手は非常に少ない。いや、松井秀喜とイチローだけといってもいいだろう。とくにイチローは、数字においては誰も真似できないものを残した。

1994年、プロ3年目のイチローは、まさしく彗星の如く日本のプロ野球界に登場した。いきなり日本記録となる210安打をマークし、パ・リーグ記録の打率・385で首位打者を獲得。史上最年少でMVPをも受賞したのだ。以降、7年連続首位打者に輝き、2000年オフ、日本人初の野手として、これまた初のポスティングシステムによってシアトル・マリナーズに移籍した。

とはいえ、当初メジャー関係者の評価は、決して高くはなかった。なにしろ、イチローは細い。パワーが足りないと見られていたのである。しかし、私は充分通用すると信じていた。あの足と肩は間違いなくメジャー級だ。加えて、前述したようにメジャーリーグは昔に較べれば球団が増えたぶん、レベルが落ちていたことも大きな理由だった。

しかし、イチローは私の予想のはるか上を行った。デビュー1年目から242本のヒットを積み重ね、打率・350をマーク。首位打者、ア・リーグ新人王＆MVPなど、タイトルを総なめにしたのである。守っても、広い守備範囲と「レーザービーム」と呼ばれた強肩で失点を防いでゴールドグラブ賞を受賞し、走っては56回の盗塁を成功させて盗塁王にも輝いた。そして2004年には262安打を放ってシーズン最多記録を更新し、2度目の首位打者となるなど、メジャー通算3089安打、日米通算で4367安打という記録を残し、2019年、ついにユニフォームを脱いだ。

走・攻・守、すべてにおいて超一流

なぜ、イチローは怪物的な記録を残すことができたのか。

ひとことでいえば、天才だからである。

では、彼のどこが天才なのか。

イチローのバッティングからは、配球を読んだり、狙い球を絞ったりしている様子はあまり伝わってこない。すなわち、来た球に反応している。

しかし、並のバッターにそれは不可能だ。ストレートを待っているときに変化球を投げられれば、即座に反応するのは非常に難しい。だから、私のような凡才は、配球を読み、狙い球を絞るのである。つまり、すべてのバッターに共通のテーマである「変化球への対応」を苦もなくやってのける。そこがイチローの天才たる所以なのだ。

イチローはあえてボール球を打ちにいくことさえある。「頭では打てないとわかっていても、身体がひょっとしたら打てるぞと思う」そうだ。だからイチローは言う。

「ぼくにとっては、選球眼より選球体が重要」

目ではなく、身体でストライクかボールか、打てるか打てないかを判断するというわけだ。私にはまったく理解できないが、天才とはそういうものなのだろう。

ただし、実際にヒットにするには卓越した技術が必要だ。左バッターというものは、できるだけ早く一塁方向に踏み出したいという意識がフォームに表れるものだ。イチローも例外ではない。スイングのなかにスタートの意識が見える。そうなると、スイングのステップと走塁の一歩目が一緒になり、ふつうは走り打ちになる。それでは強い打球が打てないばかりか、変化球でタイミングが崩されやすくなる。

しかし、イチローはそうならない。たとえ変化球でタイミングを狂わせられたり、フォームを崩されても、抜群のバットコントロールでヒットにしてしまうのである。

なぜそれが可能なのかといえば、大谷のところでも述べたように、右足のつま先が外側を向かないからだ。だから右肩が開くことなく、バットを合わせることができるのである。

なぜつま先が開かないのか——。「打席でもっとも気をつけていることは何か」とインタビューで聞かれて、イチローはこう答えていた。

「左肩をピッチャーに見せないよう、つねに意識している」

右肩ではなく、左肩というのがイチローらしいなと思うのだが、私なりに解釈すれば、「グリップをできるだけ最後まで残す」という意味になる。左肩を見せないよう意識すれば、必然的にグリップがギリギリまで残り、絶対に右肩が開くことはない。右足のつま先も外に向くことなく、カベが崩れないというわけである。

イチローの天才ぶりはバッティングにとどまらない。そこがすごい。走・攻・守、すべてにおいて超一流――こんな選手は、イチローをおいてほかにいない。しかもイチローは、メジャーリーグにおいても超一流であることを証明したのである。怪物というしかないだろう。

現役晩年に見られたある変化

イチローがメジャーリーグに残したものは、記録だけではない。メジャーリーグの野球そのものに影響を与えたと私は思っている。

イチローが海を渡ったころのメジャーリーグは、マーク・マグワイアやバリー・ボンズといったホームランバッターたちがパワーを競い合っていた時代だった。なかにはステロイドで筋肉を増強させた選手も少なくなかった。豪快ではあるが、単純な野球がはびこっていたのである。

そこにイチローが登場した。卓越したバッティング技術、内野ゴロをヒットに変え、果敢に次の塁を狙うスピード、広い守備範囲と強肩を誇る守備……。これらの能力を最大限に駆使してグラウンドを駆け回るイチローの姿に、いまは見られなくなってしまったベースボールをファンや関係者は見出したのではないかと私は思う。その結果、個人の力頼みのパワーベースボール一辺倒から、機動力やチームプレーを重視するスモールベースボールに再び脚光が当たるようになったのだ。

ただ、彼の天才ぶりや業績は十二分に評価していたものの、正直、私は感心しなかった。イチローのプレーを見ていると、私にはこう感じられてならなかったからである。

「自分のことしか考えていない」

「勝負とかけ離れたところでプレーしていた」と言い換えてもいい。チームの勝利より、自分のヒットを大事にしているように見えたのである。

イチローは「1番」を打つことが多かったが、好球がくればどんな状況でも打ちにいった。球数を投げさせてピッチャーの情報をベンチに伝えるとか、フォアボールで出塁するといった、1番バッターの大切な役割にはまったく興味がないようだった。見逃せばフォアボールになるときでさえ、ヒットを打てると思ったらバットを出したし、いいボールが来るまでカットして粘ったりした。

マスコミへの対応もお世辞にもいいとはいえず、ロッカールームでもほかの選手と打ち解けようとしなかったという。移動もチームとは別だったそうだ。

当然、こうした姿勢はチームメイトの不興を買う。なかには我慢しかねたのか、「なぐってやる」と公言した選手もいたと聞く。私がイチローの実力と技術向上に対する努力は大いに認めつつも、手放しで称賛できない理由は、こうしたイチローのふるまいにあった。イチローが加入した2001年こそマリナーズは地区優勝を飾ったが、イチローの在籍中、プレーオフに出場できたのはそのシーズンだけだった。

しかし、２００９年の第2回ＷＢＣを契機にイチローに変化が見られるようになった。連覇を目指す日本代表のチームリーダーとして期待されたイチローだったが、本戦に入ってもこれまで見たことのないような不振が続いた。しかし、ほかの選手が一丸となって戦い、日本は苦しみながらも決勝に進出した。そのとき、イチローは思ったのだろう。

「野球はひとりでやるものではない。自分がヒットを打ってもチームが勝たなければ意味がない」

あの劇的な決勝タイムリーが生まれた背景には、こうしたイチローの変化が影響していたと私は見ている。実際、２０１２年に名門ヤンキースに移籍してからは、「チームの勝利優先」という趣旨の発言が増えていった。

現役晩年になって意識が変わったのは、イチローの今後にもいい影響を与えるのではないかと私は想像する。引退したイチローが今後、どのようなかたちで野球に関わっていくのか、注目して見守りたいと思う。

松井秀喜

ゴジラに攻略法はなかった

イチローは甲子園出場経験を持つとはいえ、高校時代はほぼ無名で、オリックス入団もドラフト4位だった。対照的に、「ゴジラ」というニックネームで呼ばれる松井秀喜は、高校時代から超高校級の「怪物」とされ、甲子園でも伝説となった。しかも、バットを振らなかったことで……。

石川・星稜高校で一年から4番を打ち、一年の夏と二年の夏に甲子園に出場した松井だが、全国区となったのは三年の春といっていい。この選抜、すなわち1992年の第64回大会は、甲子園のラッキーゾーンが撤去された大会だった。つまり、レフトとライトのグラウンドがそのぶん広くなるわけで、実際、ホームランは激減した。

しかし、松井にはまったく関係なかった。初戦の宮古高校戦で2打席連続ホームランを含む4打数4安打、7打点。2回戦でもホームランを記録したのである。

夏の大会は、2回戦で敗退したにもかかわらず、松井の怪物ぶりを全国に知らしめる大会となった。ご承知のように、相手の明徳義塾は松井を全5打席、すべて敬遠したのである。つまり、それだけ松井は警戒されていたのであり、一度もバットを振ることなく怪物ぶりを見せつけたバッターは、あとにも先にも松井ひとりだろう。

私の目から見ても、松井は別格だった。面構え、身体つきが高校生には見えない。なによりもスイングのスピードが群を抜いて速かった。プロでもすぐに使えるレベルに思えた。そして、その怪物ぶりをほどなく私は目の当たりにすることになった。

4球団が競合した末、巨人に入団した松井は、開幕こそ二軍スタートとなったが、イースタン・リーグで実力を発揮し、5月1日、「7番・レフト」で一軍デビューを果たす。その相手が、私が指揮を執るヤクルトだった。

デビュー戦の翌日だったと思う。4対1でヤクルトがリードして迎えた9回、松井がバッターボックスに入った。マウンドには高津臣吾が立っていた。たとえ打たれても大勢に影響はしない場面。松井の真価を見るいい機会だと思った私は、高津と古田敦也のバッテリーにインコースのストレート勝負を指示した。当時の高津はストレートに自信を持っていたし、プロのインコースのストレートを攻略できるかは、新人バッターの実力をはかる試金石となるからだ。

果たして松井は、高津渾身のストレートを火の出るような弾丸ライナーで東京ドームのライトスタンド上段に弾き返した。

「こいつは本物だ」

シャッポを脱いだ私は、同時に思った。

「松井とはこれから長く勝負していかなければいけないな」

私が育てた松井キラー・遠山との因縁

私が予感した通り、松井とはその後、数え切れないほど対戦した。松井に打たせれば巨人は勢いづく。ヤクルトが優勝するために松井攻略は必須だった。

とはいえ、相手はゴジラである。攻略法などないに等しい。スコアラーにデータを集めさせ、弱点を探らせても、返ってくる答えは「お手上げです」。そこで、「ヒットを打たれるのはしかたがない。ただし、ホームランだけは絶対に避ける」という方針で臨むしかなかった。

つまり、こういう配球である。ホームランバッターの常として、松井はつねにインコースに目線を置いている。そこで、まずはアウトコースでカウントを稼ぐ。その際、絶対にインコース寄りには放らず（そこは松井のもっとも得意とするコースだった）、ボール気味の外側を突く。そうして次にインコースを攻めるのだが、これもストライクにはしない。すべてボール球。手を出してくれれば儲けものという考えで、「インコースも攻めるぞ」と見せ球にするわけだ。そのうえで最後はアウトコースに落としてひっかけさせる。これが基本だった。

１９９９年、阪神の監督になった私は、松井封じの一策として、遠山奬志という左ピッチャーをワンポイントリリーフとして起用した。遠山は悪くないスライダーを持っていた。たいていの左バッターは左ピッチャーのスライダーを苦手とする。しかし松井は――ここが彼の非凡なところであり、安定した成績を残すことができた理由でもあるのだが――左のスライダーに対する選球眼がとてもよかった。そこで遠山にはシュートをマスターさせた。身体に食い込むようなシュートを投げてインコースを意識させることで、アウトコースに逃げていくスライダーをより効果的にするためである。さらに打ちにくくするためにサイドスローに転向させた。

その結果、遠山は松井キラーとして活躍、松井は遠山の顔を見るのも嫌だと言っていたほどだった。とはいえ、1999年こそ13打数ノーヒットに抑え込んだが、翌年以降は逆に攻略された。これも松井のすごさを物語っている。

私がヤクルトの監督を務めたあいだ、松井を封じ込めたシーズンはヤクルトが優勝、3割以上打たれたシーズンは巨人が優勝している。これは、巨人にとって松井の存在感がいかに大きかったかということを示している。松井が在籍した10年間で、巨人はリーグ優勝4回、日本一に3回なっている。しかし、松井がアメリカに行った2003年から巨人は4年間も優勝から遠ざかった。

アメリカでも松井はその存在感をいかんなく発揮し、勝負強さも抜群だった。ポストシーズンの成績は56試合出場で、打率・312、10本塁打、39打点。なかでも強い印象を残したのは、ヤンキース在籍時代の２００９年のワールドシリーズである。フィラデルフィア・フィリーズを相手に、13打数８安打の打率・６１５、３本塁打、８打点の大爆発。打点はシリーズ史上最多、打率５割以上もベーブ・ルース、ルー・ゲーリッグ以来とのことで、世界一の原動力となり、ＭＶＰを獲得したのである。

いずれは巨人の監督を

松井についてもうひとつ述べておきたいのは、その人間性である。とにかく、悪い噂はどこからも聞こえてこない。サインを断らないなどファンを大切にするのはもちろんのこと、メディアに対してもどんな質問でもていねいに答えるし、礼儀正しい。

そして、自分の記録よりチームを優先する。現役時代を振り返って松井はこう語っていた。

「ひとつだけ自信をもって言えるのは、つねにチームの勝ちを優先し、それを第一に考えていたこと」

だからこそ、日本だけでなくアメリカでも愛され、大いに尊敬されたのだろう。

ただ――こうした人間性も影響していたのだろうが、日本では332本のホームランを打ち、ホームラン王に3度輝いたゴジラは、アメリカでは中距離打者になってしまった。1年目からフル出場を果たし、106打点をあげた松井だが、巨人在籍最終シーズンに50本を記録したホームランは16本と激減した。本塁打率は38・94で、2018年の大谷の14・82打数に1本という数字より格段に低い。その後、もっとも多く打ったシーズンでも31本だった。

メジャーのピッチャーの球威に負けまいとしたからだろう、キャッチャーに近いところで確実にバットの芯でとらえるようになった。ヤンキースという名門に移籍したこともあり、よりチーム優先のバッティングを心がけるようになり、左方向への打球が増えた。たとえ引っ張ることができるときでも、あえてチームバッティングに徹しているように見えた。松井ならば、もう少し長打にこだわっても充分通用したと私は思う。

アメリカに行ったのは全盛期を迎えた時期だった。これからこの怪物がどれだけ進化していくのか楽しみにしていた時期だったのである。あのまま日本にいれば、王に匹敵するほどの記録を残せたに違いない。なにより、一流は一流を育てるという私の持論通り、松井と対戦することで、たくさんのピッチャーが育つことになったろうと思う。日本のプロ野球のために、そのことを残念に思わざるをえないのである。

だからというわけではないが、ぜひとも巨人の監督をやってほしいし、やるべきだと私は思っている。「外野手出身に名監督なし」は私の持論だが、彼なら心配ないだろう。望むなら私がヘッドコーチになる。3年、いや2年で日本一の監督にしてみせる自信はあるが、どうだろうか……。

ダルビッシュ有

どんな作戦も通用しない、本格派であり技巧派

正直、プロ入り当初のダルビッシュ有は、それほどのピッチャーだとは思わなかった。

東北高時代は二年の春から4季連続甲子園に出場。二年夏に準優勝、三年春には熊本工相手にノーヒットノーラン、三年の夏は3回戦の9回に大会初失点し、延長の末涙を呑んだと記録にはあるが、私は憶えていない。ドラフト1位で日本ハムに入団後も、未成年で喫煙していたことが報道されるなど、あまりいい印象はなかった。

だが、身体が大きくなるにつれてボールにスピードが増した。加えて鋭いカーブを持っていて、原点能力も備わった。「これはいいピッチャーになるな」という気がした。ほどなく、ダルビッシュは怪物としての真価を発揮しはじめた。

ダルビッシュのどこが卓越しているのか――。本格派であり、技巧派でもあるという点だと私は思っている。つまり、スピードだけでも充分勝負できる本格派でありながら、多彩な球種を持ち、緩急、内外、タテヨコ、出し入れを自在に使いこなす技巧派としても超一流なのである。状況や自分の状態、相手バッターの力量・狙いに応じて、本格派と技巧派を使い分けるのだ。

言い換えれば、それは危機察知能力、危機回避能力が高いということでもある。楽天ゴールデンイーグルスの監督だったとき、2009年の開幕戦でダルビッシュと対戦したことがあった。前年は防御率0・45に抑えられていた反省から徹底的に研究した結果、こういう作戦を採用した。

「ホームベースの内側1／3、すなわちインコースは見逃し、アウトコースのストライクとボールをしっかり見極め、右方向へ打ち返す」

この攻略法が成功し、楽天は初回に3点を先取。岩隈久志がこれを守り切り、約1年ぶりにダルビッシュから勝利をもぎとったのだが、2回以降は沈黙させられた。また、右バッターにインコースのツーシームを徹底して狙わせたときも、立ち上がりこそ成功したものの、ダルビッシュはすぐにこちらの狙いを見抜き、インコース狙いを逆手にとられて以降は抑えられた。すでに当時のダルビッシュは、難攻不落のピッチャーに成長していた。

私が考えるエースの条件

そんなダルビッシュの真骨頂といえるのが、テキサス・レンジャーズに移籍して2年目、2013年4月2日のヒューストン・アストロズ戦だ。初先発のダルビッシュは、9回二死まで完全試合という、見事なピッチングを展開したのである。14個の三振を奪い、残るアウトもほとんどが内野ゴロ、外野フライはふたつだけだった。アストロズ打線は、本格派と技巧派を使い分けるダルビッシュの前に、ストレートを打ち損じ、変化球をひっかけてボテボテのゴロの山を築いたのだった。

こうした高い能力に加え、ダルビッシュについて私が評価するのは、エースの条件を満たしていることだ。

私の考えるエースの条件とは、第一に、チームの危機を救ってくれることにある。チームが不調のとき、打線が沈黙しているときであっても勝利をもたらしてくれるということである。

そしてもうひとつが、チームの鑑であること。ほかの選手の見本となれる存在であるという意味だ。かつては素行に若干の問題があったダルビッシュだが、ある時期からガラッと変わったという印象を私は受けた。トレーニングやピッチングに対する研究心も旺盛のようだし、さまざまな社会貢献活動も行っていると聞く。近年は故障がちで、やや精彩を欠いているようだが、まだまだこの怪物には可能性があると私は期待している。

田中将大

もはや気安く「マーくん」などと呼べない存在に

楽天に入団してきた時点で、田中将大は高校を卒業したばかりの新人としては怪物以外の何物でもなかった。

「これが18歳の投げる球か!?」

キャンプではじめて目の当たりにした彼のピッチングに、大いに驚いたのを憶えている。

田中のストレートは、たとえば大谷に較べればそれほど速くはない。少なくとも豪速球というタイプではなかった。では、どこに驚いたのか――。

スライダーである。ふつう、監督がピッチャーを見て、どこにほれるかといえば、たいがいはストレートだ。ところが、田中を見て私がほれたのは、なによりスライダーだった。スライダーにほれたのは、田中以外では伊藤智仁だけだ。田中のスライダーは、数々のピッチャーのスライダーを見てきた私から見ても、まさしく一級品。私が「史上最高」と評価する伊藤のそれに匹敵した。

甲子園の決勝で田中は、早稲田実業の斎藤佑樹（現・日本ハム）と投げ合って敗れた。その試合を私はテレビで見ていたが、勝った斎藤にはそれほど興味をひかれなかった。秀でたボールがなかったからである。

斎藤はたしかに好投手だった。しかし、全体がまとまりすぎていた。プロでやっていくには、それでは大成は難しい。ほかの選手にはない「何か」を持っていなければならないのである。田中にはスライダーという「何か」があった。だから私は斎藤より田中のほうがプロ向きだと思ったのである。じつはスカウトの評価はそれほど高くなかったが、楽天の新監督に就任した私はなによりピッチャーがほしかったので、なかば強引に指名したのだった。

スライダーにはカーブに近いものと、真っ直ぐに近いものの2種類がある。たいがいのピッチャーが投げるのは前者。曲がりの少ないカーブといった印象で、早い段階から曲がってくる。だからバッターは比較的対処しやすい。

しかるに田中のスライダーは、真っ直ぐと同じ軌道で向かってきて、ホームベースを通過する直前で鋭く曲がる。曲がるタイミングが遅いから、ボールを捉えるのが非常に難しいのである。

ほかの球団だったら二軍からスタートさせたかもしれない。だが、前述したように楽天にはローテーションを形成するピッチャーが足りなかった。加えて、できたばかりで何の特長もないチームだったので、スターがほしかった。それで、私自身も迷ったが、最初から一軍に置いたのだった。私は憶えていないのだが、ピッチングコーチだった紀藤真琴によれば、「開幕投手をまかせる」とまで私は言ったらしい。

田中のデビュー戦は、2007年3月29日の福岡ソフトバンクホークス戦だった。田中は6安打を浴び、6点を失って2回もたずにKOされた。新人ピッチャーがKOされたとき、私はベンチに帰ってきてからの表情に注目するようにしていた。「しかたがない」と諦めていたり、「やっぱりダメだったか」と意気消沈したりしているピッチャーはそれまでだ。悔しさを前面に出しているピッチャーは見込みがある。果たして田中は悔し涙を見せた。

「この子は球界を背負って立つピッチャーになる」

私はあらためて確信した。

実際、4試合目の先発で、デビュー戦でKOされたソフトバンクにリベンジして初勝利をあげた田中は、11勝をあげて新人王を獲得し、高卒の新人としては堂々たる成績で1年目のシーズンを終えた。

田中は先発すると必ず完投を目指した。これも私が彼を大いに買っていたところだった。「無理をするな」と止めても、「いや、行かせてください」と直訴することもしばしばだった。そういう態度を見せれば、周りも発奮する。「あいつががんばっているのだから、助けてやろう」と意気に感じるものなのだ。田中が投げると必ずといっていいほど打線が奮起し、負けなかったことから私は「マーくん、神の子、不思議の子」と呼んだが、じつはこれは決して不思議なことではなかった。「絶対に完投してやる」という田中の強い気持ちが、打線に伝播した結果だったのである。

記憶に残るダルビッシュとの投げ合い

その後、田中は楽天のエースとしてローテーションの核となり、順調な成長を見せた。

ピッチャーの安定感は何から生まれるかといえば、私は次の5つだと考えている。第一に、アウトコース低めに決められる原点能力。第二に、ほしいときにストライクを稼ぐことができる多彩な球種。第三にゴロを打たせる力。第四に、バッターにインコースを意識させること。そして守備とクイックモーションの技術である。

田中はこの要素を着実に身につけていった。ただ、若さゆえ、いつでも全力投球をしていた。どんな状況であっても、どんなバッターに対しても、フルスロットルで立ち向かっていった。それが顕著に出たのが、ダルビッシュと投げ合った2011年7月の日本ハム戦だった。

先取点を許したのはダルビッシュだった。2回にストレートを狙い打ちされ、3安打を集中された。しかし、先に述べた危機察知能力と回避能力に秀でたダルビッシュは、決してストレートの伸びが悪かったわけではないにもかかわらず、ストレートは見せ球にしてインコースを意識させ、カーブとスライダーでカウントを稼いで最後はフォークかスライダーで勝負という組み立てに切り替えた。

対して田中はどうだったか。調子はダルビッシュを上回っていたように私には見えた。しかし、4回に稲葉篤紀に浴びたツーランが命取りとなった。このホームランは、追い込んでからの7球目、真ん中低めに入ったスライダーを運ばれたものだった。その直前に田中はフォークをファウルにされた。それでスライダー勝負という選択になったと思うのだが、ダルビッシュならもう一球ワンバウンドになるくらいのフォークで稲葉を誘ったのではないかと思う。そこにダルビッシュとの差を感じさせたものだった。

しかし、同じ失敗を繰り返さない田中は、次第にこうした投球術を身につけていく。うまく緩急を織り交ぜるだけでなく、ふだんは140キロ台のストレートとスライダーを使ってできるだけ少ない球数で打たせてとることを覚えた。そして、ここぞというときは、ギアを一段も二段も上げ、150キロの速球とキレのある変化球を投げ込んだ。それが2013年の24勝無敗という、途方もない記録を生み出すことになったと私は思う。

その翌年、ヤンキースに移籍してからも、田中は5年連続2ケタ勝利をあげたように、つねに安定した成績を残し、開幕投手を4度務めるなど、メジャー屈指の名門チームでエースといっても過言ではない存在となっている。もはや私ごときが気安く「マーくん」などとは呼べなくなってしまった。

ただ、こんな話を聞いた。田中はヤンキースで背番号19をつけている。私と同じだ。何か関係があるのか気になっていたのだが、最近知らされたことには、ヤンキースからいくつか番号を提示されたとき、楽天でつけていた18に似ていたことに加え、やはり私の存在を「少なからず意識した」のだという。悪い気はしなかった。

野茂英雄

日本人メジャーリーガーの扉をこじ開け、日米の球史を変えた

王貞治と長嶋茂雄が全盛期のころの話である。

「もしONがメジャーリーグに行ったら通用するだろうか」

われわれ選手のあいだで話題になったことがある。結論はこうだった。

「無理だろう」

「王であってもホームラン20本打てるかどうかだろう」というのが当時の予想だった。言い換えれば、それだけ日本のプロ野球とメジャーリーグは大きな差があったのだ。

メジャーリーグ関係者から「行く気はないか？」と打診されながらも固辞したことは、すでに述べた通りである。将来、日本人がアメリカで活躍するなどとは夢にも思わなかった。

その不可能と思われたことを、最初に実現したのが野茂英雄だった。野茂がいなければ、大谷はもちろん、イチローや松井、ダルビッシュや田中もアメリカに行くことができたかはわからない。

野茂がドラフトの目玉となった1989年は、私がヤクルトの監督就任が決まった年だった。ヤクルトも野茂を指名したが、抽選ではずれ（1位指名は西村龍次、2位指名が古田敦也だった）、野茂は近鉄バファローズに入団。1年目から18勝をあげ、最多勝、最優秀防御率、最多奪三振、最高勝率とタイトルを総なめにし、新人王と沢村賞、MVPも獲得。以降4年連続して最多勝と最多奪三振の二冠を続けた。

もっとも、私とはリーグが違ったので、対戦するとしてもオープン戦やオールスター程度。したがって日本にいたころの野茂については正直よく知らないのだが、「トルネード」と呼ばれた、バッターに背中を向ける独特のフォームからくり出される豪速球と鋭く落ちるフォークは鮮烈に記憶に残っている。

しかし、1993年に仰木彬に代わって監督となった鈴木啓示とのあいだで確執が生じる。仰木が野茂のフォームや練習内容、調整法などについては本人にまかせていたのに対し、鈴木はなにかと干渉したという。

私が監督だったらどうしただろうかと考えてみる。野茂本人の好きなようにやらせたと思う。それで結果が出なければ、なんらかのアドバイスをする。少なくとも、「自分はこうしたから」「常識だから」といってやり方を押しつけることは絶対にしない。あくまでも本人が気づくのにまかせる。それが私のやり方だ。

それはともかく、こうした鈴木との確執がアメリカ行きの契機になったようだ。野茂本人は決してメジャーリーグでプレーしたかったわけではなく、鈴木から逃げたかっただけだと聞いた。それに加えて、１９９４年オフの契約更改で要求した複数年契約と代理人による交渉を拒否されたことから球団に対しても不満を募らせた野茂は、近鉄を退団してロサンゼルス・ドジャースと契約する。

ちなみに、この一連の動きをサポートしたのが私の義理の息子である団野村で、「日本のプロ野球の邪魔をしますけど」と電話をかけてきた団に、「ルールは守らなければダメだぞ」と言ったのを憶えているが、野茂は「任意引退」というかたちでアメリカに渡ることになった。

野茂のフォークに対応できないメジャーの強打者

野茂がメジャーに挑戦すると表明したとき、プロ野球関係者の多くは冷淡だった。「わがまま」「裏切り者」という声が渦巻いた。野茂の実力についても懐疑的だった。「メジャーでは通用しない」

それが大方の意見だった。

アメリカでも同様だったという。メジャー関係者は日本のプロ野球のレベルを3A程度にしか見ていなかったのだ。団によれば、20球団に野茂の資料を送った結果、興味を示したのは5球団にすぎなかったという。初年度の年俸も約1000万円だった。

だが、私の見方は違った。「充分やれる」と思っていた。なぜなら、大谷のところでも述べたように、野茂にはフォークがあるからだ。当時はいま以上にメジャーでフォークを目にすることがなかったうえ、パワーベースボールが主流で、上半身のパワーに頼りがちなバッターが多かった。

「野茂のフォークには対応できない」

そう私は思っていた。

実際、野茂は5月2日、敵地でのサンフランシスコ・ジャイアンツ戦で5回を1安打無失点、7奪三振というデビューを飾ると、その年13勝をあげ、オールスターでも先発、新人王と奪三振王に輝いた。

野茂が渡米した前年、メジャーリーグはサラリーキャップ制の導入をきっかけに、労使が対立。長期間のストライキに突入した。このため、シーズンが短縮され、ワールドシリーズも史上はじめて中止となった。さらに翌シーズンの開幕も1ヵ月ほど遅れたことで、ファンはMLBに対し、うんざりしていた。

そんな時期に登場した野茂は、とりわけ日系人のあいだで熱狂的に迎えられた。ドジャースタジアムには背番号16がプリントされたTシャツやユニフォームを着たファンが続々とつめかけた。日本でも野茂の登板試合は衛星中継され、空前のMLBブームが巻き起こった。

日米に衝撃を与えた「打者天国」でのノーヒットノーラン

野茂は翌年もチーム最高の16勝をマークする。なかでも圧巻だったのが、9月17日のコロラド・ロッキーズ戦でのノーヒットノーランだった。

ロッキーズの本拠地クアーズ・フィールドは、海抜1マイルすなわち約1600メートルの高地にあり、空気が薄いため、変化球が曲がりにくいうえ、ボールが飛びやすい。主軸を打つエリス・バークス、アンドレス・ガララーガ、ビニー・カスティーヤはいずれもこの年40本塁打以上をマークした。しかも、その日は雨が降る寒い夜で、試合開始が大幅に遅れたうえ、30分も中断した。そんな悪条件だらけのなかでのノーヒットノーラン達成である。非常に大きな価値があった。

こうした野茂の大活躍は、当然のことながら、日米双方のプロ野球関係者にも大きな影響を与えた。多くの日本の選手たちがメジャーを目指すようになり、MLB側も日本人選手の実力を見直し、戦力として注目するようになった。

野茂が16勝をあげた翌年の1997年、前年にマリナーズでメジャーに昇格したマック鈴木に続いて千葉ロッテの伊良部秀輝がヤンキースに、オリックス・ブルーウェーブの長谷川滋利がアナハイム・エンゼルスに移籍。98年にはヤクルトの吉井理人がニューヨーク・メッツへ。野手でも2001年にマリナーズに入団したイチローを皮切りに、田口壮（オリックス→セントルイス・カーディナルス）、松井秀喜（巨人→ヤンキース）、松井稼頭央（西武→メッツ）、井口資仁（ダイエー→シカゴ・ホワイトソックス）、城島健司（ソフトバンク→マリナーズ）らが次々と海を渡っていったのである。

野茂自身は1997年に14勝をあげて以降、故障の影響もあってかしばらく精彩を欠いたが、カーブを習得するなどピッチングの幅を広げたのが奏功し、1999年ミルウォーキー・ブリュワーズに移って12勝。デトロイト・タイガースで開幕投手を務めた翌年の2001年には、ボストン・レッドソックスに移籍して13勝をあげる。そのなかには、ボルティモア・オリオールズを相手に達成した2度目のノーヒットノーランも含まれていた。ア・ナ両リーグでの達成は、史上4人目の快挙だった。

2018年にエンゼルスに入団した大谷や、2019年にマリナーズに移籍した菊池雄星まで、日本人選手がメジャーリーグに、しかも高額の契約を結んで移籍できるのは、野茂がその扉をこじ開けたからである。野茂がいなければ、彼らの移籍はたとえ可能だったとしてもずっと遅れていたに違いない。日米通算201勝をあげたトルネードは、日米の球史を変えた怪物であった。

第3章

ともに戦った怪物たち

王貞治と長嶋茂雄

ＯＮを超える怪物は、今後も現れないだろう

「怪物」について述べるからにはやはり、このふたりに触れないわけにはいかない。王貞治と長嶋茂雄。プロ野球をまさしく国民的スポーツと呼ばれるまでの人気スポーツにしたのがこのＯＮだった。

キャッチしようとした瞬間、長嶋のバットが目の前に

１９５８年、長嶋が立教大学から巨人に入団したときの騒ぎは、それはもうすごいものだった。巨人の春季キャンプが行われる兵庫県の明石駅前は、長嶋を乗せた夜行列車を待つファンで埋まった。宿舎まで歩いて５、６分のはずが、ファンにもみくち

ゃにされた長嶋は40分もかかったという。翌日の初練習は、平日にもかかわらず４０００人もの人々が訪れ、高知での最初のオープン戦は、試合開始は午後なのに、朝５時には２０００人が列をつくったと記録にある。それほどの熱狂はプロ野球がはじまって以来のことだった。

そんな「ゴールデンボーイ」と私の初対決はオープン戦だった。バッターの実力をはかるには、見逃したときの反応を見るのがいちばんいい。バッターが考えていることがそこに表れるからだ。そして、そのためにもっとも有効なのが、アウトコースに逃げていくスライダーである。たいがいのバッターはストライクだと思ってこれを振りにいく。しかし、長嶋は当然のように見送った。「ボール」と判断したわけだ。

なぜ、ボール球とわかったかといえば、ギリギリまでボールを見極めたからだろう。なぜ見極められたかといえば、スイングが速いからだ。始動を遅らせることができるぶん、ボールを引きつけることができるのである。

実際、そのときの対決で、見逃しと思ったら突然目の前にバットが出てきて驚いた記憶がある。私がキャッチしようとした瞬間、バットが眼前に現れたのだ。

「こいつは本物だ」

そう思ったのをいまも忘れていない。

苦労した本塁打記録を王はあっさりと……

高校時代は二刀流で選抜優勝投手となった王だが、プロ入り早々、バッターに専念することとなる。

王とのはじめての対戦も、彼が早稲田実業から巨人に入団した年のオープン戦だった。ピッチャーは皆川睦雄。杉浦忠に次ぐ南海のエースだったサイドスローである。アウトコースを中心に攻めたのだが、少しだけ甘く入ったボールをバックスクリーンにもっていかれた。

「やっぱりたいしたものだな」

私は感心した。たしかに失投ではあったが、高校を卒業したばかりの王は、それを確実にとらえた。数少ない失投を確実にモノにできるかどうか。それが一流と二流を分ける。王は間違いなく一流の資質を備えていた。ただし、その資質が開花するのは、3年目のオフに荒川博コーチと一本足打法を編み出すまで待たなければならなかった。

王が一本足に取り組んだのは、インコースを攻略するために「タメ」をつくるのが目的だったと私は思う。前にも少し触れたが、タメとは軸足にできるだけ重心を残すことで、足を上げるとタイミングがとりやすくなると同時に前に体重がかからなくなり、身体がうまく回転してインコースがさばきやすくなるのである。

一本足打法が完成した1962年、王は38本塁打、85打点で二冠に輝くと、翌年は初の打率3割超えに40本塁打。そして1964年には、前年に私が苦労して更新し、「10年は破られないだろう」と確信していた年間最多本塁打記録52本をあっさり塗り替え、55本塁打をマークしたのだった。

無類の集中力が長嶋を燃える男にした

記録でいえば、長嶋より上のバッターはたくさんいる。私だって、通算ホームランをはじめ、かなりの部門で長嶋を上回っている。にもかかわらず、どうして長嶋が「ミスタープロ野球」と呼ばれたかといえば、やはり無類の勝負強さがあったからだろう。「燃える男」と異名をとったように、その点で長嶋は、誰も敵わない怪物であった。

1959年の初の天覧試合で放ったサヨナラホームランが最たるものだが、とにかく派手な場面、印象に残る場面でよく打った。皇室観覧試合での成績は35打数18安打、7本塁打。日本シリーズでは出場12回で打率4割を超えること4回、通算打率・343、25本塁打、66打点、MVP獲得4回。16回出場したオールスターでも、・313という記録を残している。

こうした勝負強さは、どこから生まれるのか。「並外れた集中力」だと私は思う。たとえば、「球場に連れてきた息子の一茂を置き忘れて帰った」「片方の足にソックスをふたつ履いてしまい、『もう片方がない』と大騒ぎした」といった数々の伝説が長嶋にはあるが、これらは彼の集中力が生み出したと考えている。いったん野球に入り込むと、それ以外のことはいっさいどこかに行ってしまうのが長嶋という男なのだ。

だから、バッターを動揺させるために私がよく使った「ささやき戦術」も、彼にはいっさい通用しなかった。とにかく私の話をまったく聞いていないのだ。こちらが「最近銀座行ってる？」と訊ねても、「ノムさん、このピッチャーどう？」などとトンチンカンな答えが返ってくる。それだけ打席に、目の前のピッチャーに集中しているのだろう。

しかも、チャンスになればなるほど、プレッシャーがかかればかかるほど、長嶋の集中力はより研ぎすまされる。だからこそ、あれだけの勝負強さを発揮できたのであり、長嶋が打ったシーンはファンの心に深く刻まれる。そうした数々の記憶が長嶋を「ミスタープロ野球」にしたと私は思うのである。

王の記録であえて注目したい「四球数」

長嶋が「記憶に残る選手」なら、王は「記録に残る選手」である。王の怪物ぶりは、記録がなによりも雄弁に物語っている。

私もプロ野球史上に残るような記録を残したという自負がある。通算ホームラン数、安打、打点、塁打……いずれも長嶋を上回っている。だから、こと記録においては、長嶋に対して優越感を感じこそすれ、コンプレックスはない。

しかし、「一番」の記録はほとんどない。ホームランも打点も、歴代2位なのだ。王がいるからである。先ほどシーズン最多本塁打記録について述べたように、私がようやく更新した記録を、王はことごとく塗り替えた。王は私の記録の価値を下げた、憎き男なのである。

三冠王2回、MVP9回、首位打者5回、ホームラン王15回、打点王13回、ベストナイン18回、ダイヤモンド(現・ゴールデン)グラブ賞9回……その記録をあげていけばキリがない。日本記録に限っても、通算本塁打868本、通算打点2170、通算塁打5862、1シーズン40本塁打以上13回(うち50本塁打以上3回)、7試合連続本塁打、4打席連続本塁打など、書き写すだけで嫌になるほどだ。世界記録となる756本塁打を放った1977年には、王のために創設された国民栄誉賞を授与され、引退した1980年でさえ、40歳にして30本塁打、84打点をあげている。

王が残した数々の記録のなかでもあえて私が注目したいのは、四死球の多さである。通算四球2390個はもちろん歴代最多。2位の落合博満が1475個だから、際立って多い（ちなみに私は1252個で7位）。うち敬遠が427個で、2位の張本勲が228個だから、これも群を抜いている。こうした数字は、王の選球眼のよさを示すとともに、いかに相手チームが王を恐れていたかを物語っている。王の強打者ぶりを端的に表しているわけだ。

そんな王を、私はライバル視していた。

「王が打つならおれも打つ」

そういう気持ちでやってきた。

「王がいなければなあ……」

記録で抜かれるたび、嘆いたものだ。けれど、王がいたからこそ、自分自身を駆り立てることができたのも事実だった。「王に負けたくない」という気持ちが、私の記録を伸ばしたともいえるのである。

私が見たＯＮの怪物的努力

王も長嶋も天才と呼んでいいだろう。しかし、「努力しない天才はいない」という。ＯＮも並の選手以上に努力をしたからこそ、その才能を最大限に伸ばすことができた。これは間違いない。

私もその一端を垣間見たことがある。銀座で飲んでいたら王がやってきて、しばらく一緒に過ごしていた。だが、9時を回ったころ、「お先に失礼します」と私に耳打ちした王は、私が引き止めるのも聞かず、帰っていった。荒川さんと練習をするためである。

いったい王の練習とはどんなものなのか気になった私は、あるとき頼んで見学させてもらった。王は天井からぶら下げた紙を真剣で斬る練習をしていた。すさまじい殺気が伝わってきた。彼に較べれば、私の素振りなど遊びのようなもので恥ずかしくなった。

荒川さんによれば、「帰ってくるまで一本足で立っていろ」と命じて外出し、30分ほどして戻ったら、足を上げたまま待っていたということもあったという。それほどの猛練習があの一本足打法をつくったのだ。王以外、一本足を完成させた選手がいないのも当然だ。並の選手がおいそれと真似できるような代物ではないのである。

長嶋の努力も王に決して負けていない。あるとき、私は直接訊ねたことがある。

「自分を天才だと思うか？」

長嶋は言った。

「いや、そうは思わない。世間が『天才』と言うから天才のふりをしているだけで、自分は人から見えないところで努力している」

立大で長嶋と同期だった杉浦からも、「長嶋はものすごく練習をしていた」と聞いたことがある。なにより、巨人から南海にトレードされてきた選手がこう話していたのが忘れられない。

「ＯＮは練習でも目いっぱいやる。だからわれわれもぼやぼやしていられない。ふたり以上にやらなければいけないと思った」

しかも、ONはめったなことでは試合を休まなかった。公式戦はもちろん、オープン戦であっても休まず出場した。ファンが待っているからだ。日米野球の際、私は長嶋に「大変だね。オフでも休めないで」と言った。すると、彼はこう答えた。

「休もうなんて思ってないし、休むわけにはいかないんだ。お客さんはおれたちを観に来ている。これは義務なんだよ」

あのころの巨人が強かったのは、たんにONが打ったからではない。「チームの鑑」として手本になっていたからだ。ほかの選手も彼らを見習おうとしたから、巨人は空前絶後の9連覇を成し遂げられたのである。

高度成長とともにあったON

長嶋がプロ入りしたのは、1956年に「もはや戦後ではない」と経済白書が宣言した2年後のこと。王はその翌年に入団している。東京オリンピックが開かれたのが1964年。巨人の9連覇がスタートしたのはその翌年だった。

つまり、ONの全盛期と巨人の常勝期は、日本の高度成長の時代と重なっている。人々はONに日々成長していく日本の姿を重ね、期待し、夢を託した。ONもそれに存分に応えた。

テレビが一般家庭に普及していったのもこの時期だった。日本のプロ野球は、テレビ中継を通して届けられるONの活躍によって、国民的娯楽となっていった。

プロ野球自体のレベルもまた、ONによって引き上げられたといっても過言ではない。一流は一流を育てる。ONを倒すために、各チームのエースたちは、全身全霊をかけてぶつかっていった。金田正一しかり、村山実しかり、江夏豊しかり、星野仙一しかり、平松政次しかり……。リーグは違ったが、私もそのひとりである。

ONもまた、立ち向かってくるライバルたちを真正面から受け止め、全力で跳ね返そうとした。そんな切磋琢磨がプロ野球のレベルを飛躍的に高めていった。そうして生まれた名勝負やドラマがファンを魅了したのである。

そうした意味でONを超える怪物はいなかったし、これからも現れることはないだろう。

中西 太

「怪物」と聞いて私が真っ先にイメージしたのはこの人

「怪物」といわれて私が真っ先にイメージしたのはこの人、中西太さんだった。当時、中西さんは怪物ならぬ「怪童」と呼ばれた。

資料によれば、身長は174センチ、体重は93キロ。意外に小柄なのだが、当時はじつに大きく見えた。

「来るところを間違っているんじゃないの?」

そう思った。「国技館に行ったほうがいい」と思っていたのだ。それほどでかかった。ところが、愛嬌があって、人柄もよく、憎めない。それで怪童なのだと思う。

中西さんは高松一高時代に甲子園に3度出場していて、当時から有名だった。二学年下の私は、わざわざ中西さんを見に行ったことがある。平安高校と試合をすると聞いて、平安のグラウンドまで出かけていったのである。中西さんはサードだったから、その横で観ていた。

「別格だ」

そう思った。頑強な身体から放たれる打球が、まるでピンポン球のように飛んでいく。

「世の中にはすごい人がいるんだな」

たいそう驚いたものだ。

中西さんが西鉄ライオンズに入団すると、修学旅行の機会を利用して後楽園球場まで見に行った。1年目から主軸バッターとして活躍している中西さんを見て、「おれなんか、とてもプロでやるのは無理だな」と痛感させられたのを憶えている。

内野が飛びついたライナーがそのままスタンドへ

プロに入ってからも、中西さんには驚かされることの連続だった。なにしろ、素振りだけで相手を震え上がらせるのだ。

「ブン！」

空気を切る音が、われわれのベンチまで聞こえてくるのである。「ブン！」という音を出すのは、決してかんたんなことではない。並の選手の素振りは、間延びした音がする。バットをしっかりと、かつ速く振らなければ、短く、鋭い音はしないものなのである。しかも、中西さんの場合、その音が敵側のベンチまで聞こえてきた。そんな素振りをする選手は、後にも先にも中西さんだけだった。

もちろん、打球もすさまじい。センター返しが基本なのだが、セカンドライナーやショートライナーがそのままスタンドに突き刺さるという感じだった。まさしく弾丸ライナーだ。南海のセカンドを守っていた岡本伊三美さんがキャッチしようとジャンプした打球が、そのままセンタースタンドに飛び込んだシーンはいまだ鮮烈に印象に残っている。ベンチに帰ってきた岡本さんが「捕れると思ったのにな……」と話していたのだから、ほんとうの話だ。

飛距離も圧巻だった。１９５３年に平和台球場で放ったホームランの飛距離１６２

メートルは日本プロ野球歴代最長とのことだが、私も大阪球場で中西さんの打球がはるか場外に消えていったのを目撃している。当時の南海が使用していたボールは飛ばないことで有名で、打った瞬間にホームランと思われた大飛球が勢いを失って外野手のグラブに収まるのもしばしばだった。そのボールを中西さんは場外まで運んだのである。

1957年に私は30本塁打を打ってはじめてタイトルを獲得したのだが、自分がホームラン王であることが恥ずかしかった。中西さんのホームランに較べれば、私のそれは子どもの打球といってもよかったからだ。

幻となった戦後初の三冠王

相撲取りのほうが向いていると思えるほどの巨体だったが、もてあましていたという印象はまったくない。身体はすごく柔らかかった。サードの守備は軽快だったし、足も速かった。なにしろプロ入り初のホームランはランニングホームランだったというし、2年目には打率3割、30本塁打、30盗塁のトリプルスリーを達成している。顔はいかつかったが、人がよかった。当時、西鉄にはもうひとり、豊田泰光さんという強打者がいたが、こちらはすこぶる愛想が悪く、杉浦がよく言っていたものだ。

「豊田に打たれると、腹が立ってしかたがない。でも、中西さんに打たれてもそれほどでもないんだよな」

中西さんが残念だったのは、実働期間が短かったことだ。腱鞘炎になったのである。おそらくスイングが鋭すぎたのだろう。手首がそれに耐えられず、悲鳴をあげたのだ。なにしろ、ものすごく重いバットを使っていた。どんなバットを使えばあんな打球が打てるのだろうと思って、一度持たせてもらったら、とてもじゃないが私が振れるものではなかった。

「こういうバットを使いこなせないとホームランを打てないんだな」

あらためて中西さんのすごさを感じたものだ。

中西さんが真の怪物だったのは、1958年までの7年間。その間に、首位打者2回、ホームラン王5回、打点王3回。うち1953年と56年はホームランと打点、55

年と58年は首位打者とホームランの二冠を獲得している。いずれも、残る一冠は僅差だった（53年は打率4厘差、55年は1打点差、56年は5毛差、58年は1打点差である）。これほどのオールラウンダーは他にいない。

当時、日本ではほとんど知られていなかった「三冠王」という言葉に関心が高まるようになったのは、中西さんがきっかけだった。中西さんは、１９５５年を振り返って、著書のなかでこう述べている。

「もし大騒ぎされるようなものだったら、私もしゃかりきになっていただろう」

当時から三冠王という記録が注目されていたら、おそらく戦後初の三冠王は、私ではなく中西さんだったはずだ。

金田正一

ピッチャーとしては別格、監督としては失格

バッター最強の怪物が中西さんなら、ピッチャーのそれは金田正一さんしかいない。なにしろ、あの天才・長嶋がデビュー戦で4打席4三振をくらったピッチャーである。別格だった。でなければ、400勝などというとてつもない記録を打ち立てられるわけがない。

私とはリーグが違ったので、対戦したのはオールスターとオープン戦程度だったが、どうしても名前負けしてしまった。「天皇」という異名をとったように、「地球は自分中心に回っている」と考えているタイプの典型で、マウンドでも堂々としているから、戦う前から呑まれていた。オールスターのときは三振をとることしか興味がないから、ひとりでもバットに当てられたらもうやる気をなくしていたが、本気で投げたときの

ボールはすごかった。

球種はストレートとカーブだけで、ストレートはもちろん史上最速といえるほど速かったが、それ以上にカーブがすごかった。当時の選手としては飛び抜けて背が高く、しかもオーバーハンドだから、まさしく2階から落ちてくる感じ。途中まで高めのストレートだと思っていると、ガクンと落ちる。だから、はじめて対戦するバッターは必ずお辞儀して見送るか、ワンバウンドを空振りしてベンチに帰ってきた。

いまはそういうカーブ、すなわちドロップを投げるピッチャーがいなくなった。

余談だが、昔、西鉄に西村貞朗というピッチャーがいて、この人のカーブもすごかった。木塚忠助、蔭山和夫という当時の南海の1、2番コンビが、西村さんのカーブをよけようとするあまり、うしろにひっくり返ったのをネット裏から見たことがある。ところが判定はストライク。バッターの頭に当たる直前で、ググッと曲がり落ちたのである。それを見たとき、「とても打てない」と思ったのを憶えている。ネット裏から見て打てないと感じたのだから、相当なものだ。事実、1955年に日米野球で来日し、15勝0敗1分と圧倒的な強さを見せたヤンキースの名将ケーシー・ステンゲル監督が「アメリカに連れて帰りたい」と語ったほどだった。

話を金田さんのカーブに戻せば、金田さんのカーブは、厳密にいえばボールだった。バッターの前を通過するときは高めにはずれているのである。ところがそこから鋭く落ちるから、キャッチャーミットに収まるときはストライクになっている。審判がだまされてしまうのだ。ベンチからはボールの軌道がよくわかるので、「高いよ、ボールだよ」と野次るのだが、キャッチャーはど真ん中で受けているので、審判は「いや、入っています」と言って聞かなかった。

のちにロッテに移籍したとき、金田さんと手の大きさを較べたことがある。金田さんの指は、私より一関節ぶん長く、しかも太かった。もしかしたら、あのカーブを生み出す秘密のひとつだったのかもしれない。

400勝の根底にあったハングリー精神

金田さんでもうひとつ思い出すのは食欲である。まさしく怪物並みだった。杉浦とともに誘われ、焼肉屋に行ったことがある。それはもう、すごい食べっぷりだった。私も大食漢として知られていて、スタンドからも「大飯食らいの野村」とよく野次られたものだが、その私でもとても敵わなかった。

練習量もケタ外れだった。シーズンオフは徹底的に身体を休ませるが、キャンプに入ると人が変わったように身体をいじめる。チームが課す練習は「生ぬるい」と言って、自分だけハードな別メニューを組んでいた。若手選手をいつもふたりくらい連れていってトレーニングをするのだが、若手が「きつすぎる」と音を上げていたものだ。

身体のケアに対しても細心の注意を払っていた。寝るときは左腕にサポーターをつけ、真夏でもクーラーは使わなかったし、ヒゲを剃るときも、カミソリでなく電気シェーバーを使っていたそうだ。

そこまでカネさんを駆り立てたものは何かといえば、やはりハングリー精神だろう。家庭は裕福とはいえず、兄弟も多かったと聞く。長男だったから、子どものころから弟たちの面倒を見てきたのだろう。貧乏育ちの私もそうだったが、身を立てるにはプロ野球しかなかったのだと思う。それで高校を中退してプロ入りした。

口癖のように言っていたのを憶えている。

「人生、金だ」

カネさんとは、監督と選手という関係だったことが1年間だけある。私が南海の監督をクビになり、一選手としてロッテに移籍したときのことだ。そのときの監督がカネさんだった。

とにかく、何かを教えている姿をほとんど見たことがない。言うことはただひとつ、「走れ!」。たしかに下半身の強化は、とくにピッチャーにとっては必要不可欠だ。だからといって、それがチームの指揮を執る監督の言うことか。

優勝の可能性がなくなると、球場に来るのは試合がはじまってから。しかもしばしばゴルフ場から直行する始末で、勉強になることは何ひとつなかった。ピッチャーとしては別格だったが、監督としては失礼ながら失格だったと私は思っている。

稲尾和久

正確無比の制球力でストライクゾーンを広げてみせた

金田さんの400勝は空前絶後の記録だが、1961年に稲尾和久がマークした42勝という記録も、今後更新されることはない大記録である。1958年、巨人との日本シリーズで3連敗を喫したチームを奇跡の逆転日本一に導き、「神様、仏様、稲尾様」と呼ばれることになった4連投4連勝も唯一無二の記録といえる。「鉄腕」と呼ばれた稲尾は、紛れもない怪物だった。

稲尾のストレートは、スピードガンで測れば、せいぜい145キロ程度だったと思う。しかし、バッターには非常に速く見えた。キレと伸びがあったからだ。稲尾のボールを受けると、ミットがポーンと上に弾む。浮き上がるからだ。ミットは嘘をつかない。キレと伸びがあるボールを受けると、「パーン！」という心地よい音を立てる。

逆に、キレも伸びもない場合は「プシュッ」という情けない音がする。稲尾のボールを受けたミットからはもちろん、「パーン！」という音が響いた。

もうひとつ、スライダーが絶品だった。右バッターの外角へ、文字通り滑るように消えていくスライダーは、魔球といってもよかった（この魔球をまったく打てなかった私は、オールスターでバッテリーを組んだ際、全球スライダーのサインを出したこともあった）。しかも、その直前にシュートでインコースを突いてくるから、なおさら逃げていくスライダーは打ちにくかった。逆にいえば、稲尾の決め球はシュートなのであり、この内角と外角のペア（および高低、緩急、ストライクとボールの各ペア）を最大限に活かし、バッターを手玉にとるのが稲尾の投球術だった。

そして、それを可能にしていたのが、正確無比のコントロールである。ピッチャーはスピードよりコントロールが大事——私がたびたびそう言うのは、稲尾のボールを見たことが大きい。稲尾の怪物ぶりは、なによりそこにあった。

稲尾ほどコントロールのいいピッチャーを私は見たことがない。構えたミットに寸分違わず投げ込む精密さもさることながら、その制球力を武器に、稲尾はストライクゾーンを広げることができた。こういう具合である。

まずはアウトコース低めギリギリにストレートをズバッと投げ込む。審判がストライクにとれば、次はボールひとつぶん外に投げる。ボールにキレと伸びがあるからミットから「パーン！」というい音がするし、「稲尾はコントロールがいい」というイメージが審判にはあるから、思わずストライクとコールする。すると、「これはどうだ？」「これなら？」とボールひとつずつ外にずらしていくのである。そうやって稲尾は審判を味方につけ、いつのまにかストライクゾーンを広げてしまうのだ。私が「はずれてますよ」と文句を言っても、「入っています」と審判は聞いてくれなかった。

そんな芸当ができるのは、稲尾だけだった。

稲尾のクセを見抜かなければ南海の優勝はなかった

稲尾はこういうピッチング哲学を持っていたという。

「どういうかたちであれ、バッターをアウトにする」

ピッチャーというものは、とかく三振をとりたがる。稲尾とて、かつては例外ではなかった。しかし、あるとき気づいたという。

「ゲーム展開によっては、必ずしも三振がベストではない」

たとえば、ランナーをたくさん背負ったときや、一打逆転というケースでは、無理に三振を狙うより、ゴロを打たせてダブルプレーを狙うほうがいい。稲尾は、イニング、点差、アウトカウント、ボールカウント、打順、バッターの好不調、相手ベンチの作戦といったあらゆる状況を考慮し、そのときに最適なアウトをとるピッチングを組み立てた。だからこそ、1年目から8年連続20勝、通算防御率1・98という記録を残すことができたのである。

バッターとしての私は、稲尾に育てられたといっても過言ではない。ピッチャーのフォームのクセを見抜くことで一流の仲間入りをした私だが、稲尾のクセだけはどうしてもわからなかった。どの球種もまったく同じフォームで投げてくるからだ。

しかし、稲尾攻略なくして南海の優勝はない。稲尾を打つことは南海の4番としての責任だった。私は稲尾のフォームを撮影した16ミリフィルムを食い入るように見つめ、なんとかクセをみつけることができ、攻略の糸口をつかんだ。ところが、その矢先、オールスターで杉浦がその秘密を稲尾にばらしてしまった。

正直、杉浦に対して「この野郎」と思ったが、稲尾が対策を講じてくれれば、こちらもさらなる対抗手段を考えればいい。それが私のレベルを一段上げることになる。そうやって稲尾と切磋琢磨することで、私はバッターとして、またキャッチャーとしても成長していったのである。私にとって稲尾は、終生のライバルだった。

杉浦 忠

ホップするストレートで追い込み、超一級品のカーブで仕留める

ピッチャーとしての大谷を、私はリードしたいとは思わない。なぜなら、誰が受けても同じだからだ。キャッチャーのおもしろさは、箸にも棒にもかからないようなピッチャーを、リードによってなんとかして勝たせるところにあると私は思っている。大谷は誰が受けても勝てるからおもしろくない。だからボールを受けてみたいとは思わないのである。

南海で私とバッテリーを組んでいた杉浦忠も、大谷のようなピッチャーだった。困ったらストレートのサインを出せばいい。サイドスローからくり出される杉浦のストレートは、たとえバッターが狙いを絞っていてもとらえるのは難しかった。

杉浦はゆったりしたモーションから、ピシッと投げる。バッターがモーションに合

わせてタイミングをとっているところにビュッと速いボールが来るから、どうしてもさしこまれる。実際のスピード以上に速く見えたのだろう。バットに当たっても、せいぜいうしろにファウルが飛ぶだけだった。はじめて彼のボールを受けたときは、ミットに収まる直前でホップしたので、思わず感嘆の声をあげたものだ。

そのストレートでカウントを稼ぎ、最後はカーブで仕留めるのが基本的な配球だったが、カーブがまた超一級品だった。ボールゾーンからホームベースに向かって曲がってくる。右バッターにとっては、背中から曲がってくる感じだ。左バッターが空振りしたカーブがそのバッターの身体にぶつかったこともある。それほど鋭く曲がったのである。

だから、サイドスローにもかかわらず、まったく左バッターを苦にしなかった。日本シリーズで巨人と対戦したとき、巨人の水原茂監督が左をズラーッと並べてきたが、全部ストレートで追い込んでカーブで仕留めたものだ。

シンカー習得を止めていれば……

1年目から27勝をあげた杉浦は、2年目にはじつに38勝をマークする。しかも黒星はわずか4つ。当時セーブという概念はなかったが、いまの基準でいえば20セーブくらいはあげていたのではないか。これだけでも超人的だが、その年の日本シリーズでは、なんと4連投4連勝という、まさしく怪物的な活躍でチームを日本一に導いたのである。

翌年も31勝をあげたが、やはり登板過多がたたったのだろう、血行障害を発症し、その後は成績が下降した。2ケタ勝利は、20勝をあげた1964年が最後となった。

私がいまだ残念に思うのは、シンカーをマスターしようとしたことだ。同じサイドスローの皆川が私の勧めでシンカーを覚え、かんたんにゴロを打たせるのを見て、うらやましくなったのだと思う。杉浦はストレートとカーブしかないから、ファウルで粘られることが多かった。もう少し楽をしたいと考えたのだと思う。

しかし、シンカーとストレートは指先と手首の使い方が違う。下手をするとストレートの切れ味が失われかねない。それを危惧した私は止めたのだが、彼はきかなかった。案の定、ストレートの威力がなくなり、それが彼の投手生命を縮める一因になったのではないかと私は思っている。通算187勝のうち、164勝は7年目までにあげたものだった。

ピッチャーとしてはめずらしくやさしい性格だったが、一方で男気も見せた。立大卒業の際、杉浦と長嶋は大学時代から世話になっていた南海に入るはずだった。ところが、長嶋は翻意して巨人に入団してしまう。心配になって上京した南海の鶴岡一人《かずと》監督に、杉浦はこう言ったという。

「ぼくがそんな男に見えますか？」

入団後も鶴岡監督に頼まれれば、連投であろうと嫌な顔ひとつ見せることなく、マウンドに向かった。杉浦こそ、真のエースだった。

大下 弘

どこに投げても打たれる気がした、破天荒な「青バット」

プロ野球の草創期から南海を率いた鶴岡一人監督が、唯一「天才」と認めた選手がいた。大下弘である。赤バットがトレードマークだった川上哲治さんに対して、青バットの大下として人気を二分した。

「大下以外、天才はいない」

鶴岡さんはそう言っていた。鶴岡さんの言わんとするところは、「天才なんてめったにいない。天才ではないおまえたちは、努力しなければいけないんだ」ということだったと私は思っているが、それほど大下さんは破格だったのだ。三原脩《おさむ》さんも、「日本の打撃人を5人選べば、川上、大下、中西、長嶋、王。3人選べば、大下、中西、長嶋。ひとりならば大下」と述べている。

大下さんが明治大学から新興球団セネタースに入団したのは、戦後まもなくの１９４５年。翌年いきなり20本のホームランを放った。いまなら驚く数ではないが、その年、川上さんが打ったのは10本。藤村富美男さんが５本。青田昇さんが３本である。いかに大下さんの20本が破格の数字だったことか。なにしろ、その年リーグ全体のホームラン数が２１１本だから、大下さんがひとりで１割弱を打った計算になる。この数字は２０１１年、中村剛也に抜かれるまで日本記録だったそうだ。

愛称の〝ポンちゃん〟は、明大時代にポンポンとフライを打ち上げたことが由来だというが、当時のプロ野球では、フライを打つことは戒められていた。なによりも強いゴロを打つことが求められたのである。そのためにバットを強く、素早く振り抜けばライナーになる。川上さんの代名詞であった弾丸ライナーが理想の打球だったのである。

ところが、大下さんの打球は45度の角度で舞い上がり、美しいアーチを描きながらスタンドに落ちていった。青田昇さんによれば、ほかのバッターもどうしたら大下さんのようなホームランを打てるか目の色を変えるようになり、日本プロ野球のバッテイングのレベルは一気に上がったという。

二日酔いでも7打数7安打

私がプロ入りしたのは、大下さんが現役晩年にさしかかっていたころだった。当時、大下さんは西鉄にいて、キャッチャーとして対戦したこともあるが、どこに投げても打たれる気がした。私が未熟だったこともあり、攻略法はみつからなかった。神様に祈るしかなかった。

構えているときにバットをよく動かしていた記憶がある。おそらくタイミングをはかっていたのだと思うのだが、グリップを大きく動かしていたのが印象的だった。これも、一度バッターボックスに入ると微動だにしなかった川上さんとは対照的だったが、あたかも「バッティングなんてかんたんだよ」と見せつけているような打ち方をしていた。

大下さんといえば、破天荒な私生活も有名だった。甘いマスクで非常にモテたらしく、遠征先には必ず女性が待っていたそうだし、芸者の置屋から球場に通っているという噂も聞いた。球場に来ても赤い顔をしているのをよく見かけた。きっと酒が抜け切らなかったのだろう。1949年に7打数7安打の記録をつくったときも、前の晩は一睡もせず、二日酔いのまま試合に出場したという逸話も残っている。「飲む・打つ・買う」においても怪物だったのだろう。

ただ、だからなのか、監督としてはまったく実績を残せなかった。1968年、東映フライヤーズの監督に就任した大下さんは、「サインなし、罰金なし、門限なし」の三無主義を掲げた。ちょうど川上さんが率いていた巨人が「管理野球」で常勝を築いていた時期。それだけに大下東映がいかなる野球を見せてくれるか注目されたが、球団創設以来の最下位に沈み、シーズン途中に解任されたと記憶している。「名選手必ずしも名監督ならず」を地で行く人だった。

尾崎行雄

プロ入り5年で98勝。太く短く駆け抜けた怪童

中西さんが〝怪童〟と呼ばれたことはすでに述べたが、ピッチャーでもそう呼ばれた選手がいた。尾崎行雄である。

尾崎は浪商の一年生のとき、夏の甲子園に出場。2回戦で柴田勲がいた法政二高に敗れ、翌年の選抜でもやはり法政二高に苦汁をなめさせられたが、その夏の準決勝で三たび対戦。延長11回の熱戦を制し、決勝でも和歌山の桐蔭高を下して優勝した。

そしてその年、浪商を中退して東映フライヤーズに入団するや、1年目から20勝をあげて優勝に貢献。新人王にも選ばれた。中退していなければ、まだ高校三年生。怪童と呼ばれたのも頷ける。

尾崎を「史上最速」の投手にあげるバッターも多いようだが、たしかに速かった。

上体を揺らし、反動をつけるようなロッキングモーションと呼ばれた独特のフォームからくり出されるストレートは、「ドーン！」という感じでキャッチャーのミットに突き刺さる。このあいだまで高校生だったとはとても思えなかった。凡退してベンチに戻ってくると、鶴岡一人監督に叱られたものだ。

「おまえらプロだろう！　恥を知れ、恥を！　相手は高校生だぞ！」

わざと頭近くに……

2年目は7勝に終わったが、3年目からは3年連続20勝をあげた。

私自身は不思議と周囲が騒ぐほどの速さは感じず、苦手意識もなかったので、そこそこ打った記憶があるが、右バッターにとってやっかいだったのは、スリークォーターだったことだ。

カーブを投げられると、構えた身体のうしろからボールが曲がってきて、顔をかすめる。しかも、コントロールがよいとはいえず、たまにほんとうにぶつけられるから、どうしても身体がひけてしまうのである。ホームランを打った次の打席などは、わざと頭近くに投げてくることもあった。

4年目の1965年は27勝をマークして最多勝に輝き、プロ入り5年間で98勝を積み上げたが、彼の野球人生は実質的にそこで終わったといってもいい。肩を壊したのである。

1967年に6勝をあげたものの、その後4年間はほとんど投げられない状態が続いた。そして、1972年に3勝をあげたのを最後に、29歳で引退を余儀なくされた。「太く、短く」という形容が、これほどふさわしい選手もいなかった。

江夏　豊

私が三冠王のプライドを捨てた瞬間

バッターが「100パーセント、ストレートが来る」と待ち構えている状況であっても、ストレートで勝負できる——そういうピッチャーを私は「本格派」と呼んでいる。全盛期の江夏豊がそういうピッチャーだった。

リーグが違ったから、オールスターでしか対戦したことはなかったが、そういう大舞台になると、ひときわ燃えるのが江夏という男だった。その真骨頂が1971年、西宮球場で行われたオールスター第1戦だった。

前年、八百長に関与したかどで複数の選手が処分された、いわゆる「黒い霧事件」に巻き込まれた江夏は、前半戦は不振だった。しかし、ファン投票で1位に選ばれたことを意気に感じ、知り合いの新聞記者に訊ねたそうだ。

「オールスターで誰もやってないことって、何だ?」

「そりゃあ、9人とも三振にとることだろう」

記者が答えると、江夏はこともなげに言ったという。

「ほな、それいこ」

そして、先頭の有藤道世を空振り三振に仕留めると、基満男、長池徳二、江藤慎一、土井正博、東田正義、阪本敏三、岡村浩二を料理する。9人目のバッターは加藤秀司だった。1ストライク1ボールから、加藤はファウルフライを打ち上げたが、打球はスタンドへ(江夏はキャッチャーの田淵幸一に向かって「追うな!」と言ったとされる)。そして4球目、江夏が渾身のストレートを投げ込むと、加藤のバットは空を切った。

幸か不幸か、私は9人のなかに含まれていなかった。パ・リーグの濃人渉《のうにんわたる》監督から「ベテランは疲れているから休んでくれ」と言われ、一塁のコーチャーズボックスに立っていたのだ。

それはともかく、じつは江夏の連続三振記録は前年から続いていた。第2戦に先発した江夏は2回一死から五者連続三振を奪っていたのである。つまり、9連続を達成した時点で、記録は14まで伸びていたわけだ。

その記録をさらに伸ばすべく、江夏は第3戦の6回からリリーフに立った。江夏は先頭の江藤から三振を奪い、「15連続」とする。そのとき、ネクストバッターズサークルにいたのがこの私だった。

「パ・リーグで育った人間として、これ以上恥はかけない。連続記録だけはストップしよう」

そう考えた私は、グリップをかなり余らせてバットを握った。あとにも先にもただ一度だけゴロを狙った結果はセカンドゴロ。ともかく江夏の記録を阻止することができた。

試合後、江夏は、「野村さんはズルい。あんなバッティングされたら三振はとれん」と語ったが、逆にいえば、これほど江夏のストレートが怪物的であったという事実を雄弁に物語るエピソードもないだろう。なにしろ、三振を免れるためには三冠王のプライドをかなぐり捨て、当てにいくしかなかったのだから……。

私のひとことで南海に移籍、リリーフ転向

その5年後、江夏は私と同じユニフォームを着ることになった。きっかけは、1976年の1月だったたか、阪神の監督だった吉田義男さんからの電話だった。

「江夏いりまへんか？」

受話器の向こうで吉田さんが言った。聞けば、江夏の扱いに手を焼き、「野村くんなら、うまく手なずけて使いこなすだろう」という。代わりに江本孟紀《たけのり》がほしいというので、私としては痛かったが、球団に話してみると、大乗り気だった。

ところが、当の江夏が納得しない。「阪神を出るくらいならユニフォームを脱ぐ」というのである。そこで私が説得にあたることになった。「南海に来い」というつもりはなかった。江夏は強制を嫌うだろうし、自尊心が高く、野球に対する向上心は非常に強い。ならば、そのあたりを刺激し、「野村と野球をやってみたい」と思わせればいい。私はそう考えた。

とりわけ江夏に刺さったのは、前年の広島戦、一死一、二塁で衣笠祥雄を迎えた場面だった。江夏は2ストライク3ボールから衣笠を空振り三振に仕留め、さらに二塁走者を刺してダブルプレーでピンチを切り抜けたのだが、たまたま見ていた私は、江夏に言った。

「あのとき、わざとボール球を投げて空振りを誘ったろう」

江夏の目がキラッと光ったのをいまも忘れない。

「わかりましたか。誰も気づいていませんよ」

江夏は言った。そのとき、「こいつは南海に来る」と私は確信した。

3時間に及んだ会談の最後に、私はさらに決め台詞を吐いた。

「おまえが投げて、おれが受ける。これは芸術になるぞ」

ニヤリと笑った江夏は、ほどなくして南海移籍を諒承したのだった。

江夏ほど野球が好きな人間もそうはいない。江夏は南海時代、私と同じマンションに住んでいたことがあった。当時の彼の奥さんのお母さんが私に「管理してほしい」といって、引っ越してきたのだ。

それからは、私の運転で一緒に球場に行き、帰ってくる。彼は酒は飲まないし、部屋にいてもすることがないので、毎日のように私のところにやってきて、夜明け近くまで野球談義をした。野球以外の話などしたことがなかった。

なかでも彼が登板した日は大変だった。試合を振り返り、一球一球、出したサインの根拠を説明しなければならなかったからだ。私も嫌いではないから、いつのまにか夜が明けていることもしばしばだったが、こちらから「もう寝よう」と言わないと、寝ようとしなかった。

江夏をリリーフに転向させたのも私である。持病のため、江夏は長いイニングを投げるのは不可能になった。全力で投げられるのは50球が限度とのこと。となれば、現役を続けるにはリリーフしかないが、当時リリーフは先発失格の烙印を押されたピッチャーが務めるもの。人一倍プライドが強い江夏は、「リリーフに回るくらいなら引退する」と言ってきかなかった。

しかし、すでにメジャーリーグでは先発・中継ぎ・抑えの分業制がはじまっていた。いずれ日本もそうなるはずだという確信が私にはあった。本格派としてのスピードこそ衰えたとはいえ、技巧派としても抜群の投球術と経験を持つ江夏は抑えに最適に思えた。そこで江夏に言った。

「リリーフで革命を起こしてみんか？」

この言葉で、ストッパー・江夏は誕生することになったのだった。

江夏の21球、明暗は「佐々木への6球」で分かれた

ストッパーに転向した1977年、江夏は19セーブをあげる。しかし、そのオフに私が監督を解任され、江夏は広島カープに移籍する。

私が南海をクビになったと聞いて、江夏は「こんなチームは信用できない。自分もやめる」と言い出したのだが、彼まで道連れにするわけにはいかない。それで広島の監督だった古葉竹識《こばたけし》に電話して広島に行かせたのだが、そこで江夏は再び球史に残る伝説をつくることになった。1979年、のちに「江夏の21球」として知られることになる近鉄との日本シリーズ第7戦である。

江夏が怪物たる所以は、全盛期のスピードもさることながら、むしろ投球術にあると私は思っている。それが最高のかたちで発揮されたのが、このときのピッチングであった。その一部始終を、私は評論家としてネット裏から見ていた。

日本一がかかったこの試合。江夏は7回からマウンドに上がり、1点リードして9回を迎える。しかし、江夏は先頭の羽田耕一に初球をセンター前に運ばれると、盗塁、悪送球、四球2つで無死満塁の大ピンチを招く。近鉄の西本幸雄監督は、ここで前年の首位打者、佐々木恭介を代打に送った。

この試合は、石渡《いしわた》茂のスクイズを江夏が見抜き、咄嗟にはずしにかかった「19球目」が伝説として語られることが多い。しかし、私に言わせれば、両チームの明暗を分けたのは、その前の打者である佐々木に投じた6球ではなかったか。あらためて振り返ってみよう。

初球は内角低めに大きくはずれるカーブ。ファウルを誘ったのだろうが、佐々木は見逃し。しかし、バットを出しかけて止めたことから「カーブを狙っている」と私は思った。江夏も見抜いたのだろう、2球目は外角寄りのストレート。絶好球だったが、カーブ狙いの佐々木は手が出ない。これでおそらく佐々木は動揺したはずだ。

3球目は内角に落ちるボール。待ち構えていた佐々木の打球は三塁線へ。ヒットかと思われたが、結果はファウル。あのコースを引っ張ればファウルになる確率が高いことから、江夏が誘ったのだろう。佐々木にも力みがあった。ここで佐々木と江夏の立場は完全に逆転した。

ツーストライクと追い込んだことで、江夏は三振狙いへと切り替えたのではないか。ここからがいかにも江夏らしい配球だった。4球目と5球目は、6球目で仕留めるための捨て球、布石だったと私は思う。4球目は内角高めのカーブ。追い込まれたことでストレートにタイミングを合わせていた佐々木はファウルにするのがやっと。そして5球目に内角低めのストレートをはさまれたことで、佐々木は混乱したに違いない。6球目は5球目と同じ軌道から落ちるカーブを投じ、江夏は注文通り、佐々木を空振りの三振に仕留めたのである。

ワンアウトをとったことで、江夏は落ち着きを完全に取り戻し、近鉄より優位に立った。ゲームは江夏が支配することになったのである。佐々木の6球が明暗を分けたというのはそういう意味だ。

次打者・石渡への初球はカーブ。石渡のバットは動かなかった。これで江夏はスクイズを見抜いたはずだ。2球目。羽田の代走に入っていた三塁ランナーの藤瀬史朗がスタート。キャッチャーの水沼四郎が立ち上がり、石渡はバントの体勢に。江夏が投じたボールはカーブの軌道を描き、石渡が飛びつくように出したバットの下をくぐり抜け、水沼のミットに収まった。藤瀬はタッチアウト。二死二、三塁となる。これで勝敗は決したといってもいい。江夏は石渡を三振に打ち取り、広島、そして自身にとって初の日本一を達成したのだった。

石渡への2球目。江夏本人が言うように、意図的にウエストしたのか、それとも偶然だったのか、いまだ議論が分かれているようだ。私の意見はこうだ。

「江夏なら、咄嗟にウエストすることは充分にありえるだろうが……」

ポイントは、藤瀬のスタートが早すぎたことにあったと私は思う。江夏はサウスポーだから、牽制はまず来ない。焦る必要はないのに、初動と同時にスタートを切ってしまった。それでスクイズを察知した水沼が立ち上がり、まさに投げようとしていた江夏の目に入ったものだから本能的にはずそうとした結果、カーブが自然に抜けて高めに浮いた……今回、あらためてこのシーンを見返したところ、やはりそれが真相だろうという結論にいたった。

とはいえ、江夏本人は「神業」と語っているし、彼ほどピッチングについて深く考え、優れた投球術を持っていたピッチャーはいないといっても過言ではない。いずれにせよ、彼の野球人生で積み重ねてきたものがあの奇跡の一球を生み出した――それだけは間違いないだろう。

落合博満

コースを絞って獲物を呼び込む、史上最高の右バッター

とほうもない記録を残したことを怪物の条件とするならば、落合博満をはずすわけにはいかない。

なにしろ三冠王を3回獲っている。これは王でもできなかったことで、日本プロ野球史上ただひとり。「最高の右バッターは誰か」と問われればやはり、落合の名前をあげる。

デビュー当時の落合はインコース、とくに高めが苦手だった。そこをうまく攻めればそれほど恐いバッターではなかった。

実際、キャッチャーとしての私は落合に打たれた記憶がほとんどない。ロッテのコーチだった高畠康真が「落合をいじめないでください」と泣きついてきたから、事実

である。

しかし、いつのまにか落合はインハイを克服した。ピッチャーに正対する独特のフォームが奏功したようだ。

左足を開いてバットを大きく構える落合のフォームは、インコースの速球には間に合わないように見える。しかし、落合はトップの位置を高くは置かず、たとえアウトステップしても左足のつま先は外側に向かない。だから身体が開かない。そうして脇をしっかり締めて腕をたたみ、インコースを広角に打ち返す技術を身につけたのである。

名猟師さながらの正確なバットコントロール

見逃し方やファウルの飛び方から判断すると、私の分類でいえば落合は基本的にはB型、すなわちあらかじめコースを絞るタイプだろう。そこに打ち返す方向を左か右か決めるC型を組み合わせているようだ。

「インコースはこない」と読んだらセンターからライト方向、「インコースだ」と判断したらレフト方向に引っ張るのである。

落合のおじいさんは鉄砲の名人だったという。その血を引いているのか、彼のバッティングは狩猟型という感じがする。自分の待っているコースとタイミングに獲物であるボールを呼び込み、腕利きの猟師が鉄砲を扱うような正確なバットコントロールでヒットやホームランを量産する。

「おじいさんの血を引いているんじゃないの？」

一度訊ねたら、「そうかもしれんね」と落合は笑っていた。

第4章

甲子園を沸かせた怪物

江川 卓

元祖・怪物。大学で「楽をすること」を覚えたか

「怪物」という表現が日本の野球選手に使われるようになったのは、江川卓《すぐる》が最初だという。江川は元祖怪物になるわけだ。

江川が怪物と呼ばれたのは高校時代である。怪物の定義のひとつが、とほうもない記録を残していることとすれば、高校時代の江川はたしかに怪物以外の何物でもない。栃木の作新学院では一年からエースとして登板。3年間の公式戦で完全試合2回を含むノーヒットノーラン9回を達成、防御率はじつに0・41という記録が残っている。

ところが、甲子園出場は三年の春まで待たなければならなかった。一年生の夏は準決勝で、11回途中まで投げたものの後続ピッチャーが打たれて敗退。その年の秋季大会は栃木大会で優勝し、関東大会に進んだが、1回戦で頭に死球を受けて退場。やは

り後続が打たれて選抜出場を逃した。

二年の夏は、初戦となった2回戦から3試合連続ノーヒットノーランを達成、準決勝も10回二死までノーヒットピッチングを続けたが、味方打線も沈黙し、11回にスクイズでサヨナラ負けを喫してしまう。もし打線が9回までに1点でも取っていれば、全試合ノーヒットノーランで決勝進出という可能性すらあったのだ。かりに当時の栃木県のレベルがそれほど高くなかったとしても、その突出ぶりは驚異的といっていい。

このころから、「栃木にすごいピッチャーがいる」という噂が耳に入ってきたように思う。ただし、情報社会はまだ先の話。いまならすぐに映像を見られるのだろうが、当時は難しかった。実際に江川のピッチングを見た人間はごく限られていたはずだ。

その噂の怪物がついにヴェールを脱いだのは、1973年の選抜だった。前年の秋季大会7試合を無失点で勝ち抜いた江川は（新チーム結成以来、練習試合を含めて113イニング無失点を続けていたそうだ）、1回戦で大阪の北陽高と対戦した。江川の前評判に加え、地元代表の試合ということで、甲子園には5万5000人の観客がつめかけたという。

江川は初回を三者三振、2回の先頭バッターも三振に斬って取る。ここまで、ひとりもボールに触らせていない。5番バッターがはじめてファウルを打つと、甲子園のスタンドがどよめき、バッターに拍手が送られたそうだ。

最終的に江川は、大会一のチーム打率を誇った北陽打線から19個の三振を奪い、完封勝利。衝撃の甲子園デビューを飾ったのである。

準決勝で広島商の徹底した待球作戦とダブルスチールにやられ、1対2で敗れたものの、大会通算で60個の三振を奪い、いまだ破られていない大会記録を樹立した江川はその夏、さらにすごみを増して甲子園に戻ってきた。

予選5試合中、3試合がノーヒットノーラン。打たれたヒットは驚くことにたった2本。もちろん無失点。奪った三振70個。140イニング無失点というとほうもないピッチングを見せたのである。予選にもかかわらず、試合が行われる球場は江川を見るための観客であふれ返り、遠方から押し寄せる人も多数いたと聞く。

だが、甲子園は怪物に非情だった。

選抜で江川がその全貌を現したことで、全国の強豪校は「打倒江川なくして全国制覇なし」と、徹底的に江川対策を練った。1回戦で対戦した柳川商（福岡）は、延長15回の末、サヨナラ負けを喫したものの、バントの構えからヒッティングに出る作戦で江川を追い詰めた。

銚子商（千葉）との2回戦は、江川は得点を許さなかったものの、作新打線も土屋正勝（のち中日）を攻略できず、延長戦へ。試合途中から降り出した雨が激しくなった12回裏、江川はコントロールを乱して一死満塁のピンチを招く。そしてツースリーから投じた渾身のストレートが高めにはずれ、押し出し。怪物の甲子園はあっけなく終わったのである。

甲子園での通算記録は6試合、59回1／3を投げ、自責点3、防御率0・46。奪った三振は92、奪三振率は14・0。それでも江川は頂点に立つことができなかった。

オープン戦で新人の江川と対戦

江川は慶應大学進学希望を表明し、秋のドラフトで阪急の1位指名を拒否。しかし受験に失敗、法政大学に進み、大学通算47勝をあげる。そしてドラフトでクラウンライターライオンズ（現・埼玉西武ライオンズ）から1位指名を受けたが、当時の本拠地であった福岡を「遠い」とまたも拒否。一年浪人する。

その後の経緯は説明するまでもないだろう。野球協約の盲点を突いて、ドラフト前日に巨人と契約したものの、セ・リーグはこの契約を「無効」とし、ドラフトで阪神が江川との交渉権を獲得。最後はコミッショナーの「強い要望」により、阪神が巨人へ「トレード」するかたちで江川は巨人に入団した。

当時私は「プロをなめるな！　ルールを守れ」と憤慨したが、こうした回り道は、ピッチャー江川にとっては大きなマイナスになったと思う。

江川とは対戦したことがある。オープン戦だったか、彼が新人だったときに対戦している。

「それほどではないな」

それが率直な感想だった。ペナントレースではないから、真剣に投げていなかったのかもしれないし、こちらはすでに超一流のピッチャーたちと何回も対戦してきている。目が肥えていて、ちょっとやそっとのボールでは驚かなくなっている。

だから、そのあたりは割り引いて考える必要があるだろうが、少なくとも私には「打ちやすいピッチャーだ」と感じられた。もともと私は、江川のようなピッチャーは得意なタイプなのだ。なにしろ球種が真っ直ぐとカーブしかない。しかも、真っ直ぐの球筋が素直できれいなうえ、カーブもいわゆるしょんべんカーブ。私のようにヤマをはるバッターは非常に対処しやすいのである。真っ直ぐに絞って待てばいい。

しかも、私が対戦したときの江川は、たしかに速かったという記憶はあるが、手も足も出ないというスピードではなかった。というのも、大学に行ったことで、江川は「楽をすること」を覚えたのではないか。圧倒的な天性をもって生まれたがゆえ、全力で投げなくても抑えられるから、無理をする必要はない。もともと必要以上の努力をしようとするタイプでもないのだろう。結果、プロ入りしたときには、怪物と呼ばれたほどの球威とスピードは失われていたのだと思う。

「たとえばツーアウトもしくはワンアウト満塁になって、バッターが真っ直ぐを待っているときに、あえて真っ直ぐを投げて打ち取るのが楽しみだった」

あるインタビューでそう語った江川は、続けてこう言っていた。

「ピッチャーはスピードの勝負。真っ直ぐが速いからこそ、そこに変化球を入れることによって落差が生まれ、バッターは打てなくなる」

それはその通りだが、プロ入り後の江川は肝心のスピードが落ちていた。だから私には打ちやすく感じられたのだろう。

プロ通算成績は、実働9年で266試合に登板し、135勝72敗。防御率3・02。奪三振1366。並のピッチャーなら上出来の数字だろうが、怪物としては物足りないと感じるのは私だけではないだろう。唯一「らしさ」を見せたのは、1984年のオールスターで、江夏の記録に迫る八者連続三振を奪ったときだったのではないか。

「江川は高校時代がいちばんすごかった」

そういう意見は根強い。それだけに、大学で楽をすることを覚えず、高校から即プロ入りしていれば、どれだけのピッチャーになっていたか。想像すると、残念に思うのである。

清原和博

私の記録を抜くはずだった男

「右バッターでおれのホームラン記録を抜くとすれば、この男だ」

ＰＬ学園時代の清原和博を見た私は、確信した。

一年生からＰＬの４番に座った清原は、同じく一年生のエース、桑田真澄とともに１９８３年の夏の甲子園に出場。以降５季連続、すなわち全大会に出場を果たす。そのうち、一年の夏と三年の夏に優勝、二年の春と夏は準優勝、三年の春もベスト４に進出した。

甲子園での通算成績は、91打数40安打の打率・４４０、13本塁打、29打点。なかでも三年の夏は圧巻だった。2回戦と3回戦は勝負を避けられることが多かったが、準々決勝で待望の大会1号を放つと、準決勝では2発。そして迎えた宇部商との決勝では、第2打席でレフトスタンドに同点弾を放り込み、続く第3打席でも同点に追いつくバックスクリーンへの特大の一発。通算5本とし、大会記録を樹立したのである。

長年プロの世界で一流選手を目の当たりにしてきた私から見ても、モノが違った。高校生離れした体格を持ちながら、パワーに頼ることがない。下半身を柔らかく使い、広角に打ち分ける。その技術も高校生離れしていた。プロに入ってもすぐに活躍できると思った。

事実、清原は1年目からレギュラーに定着。ルーキー最多タイの31本塁打を放ち、打率と打点も高卒ルーキー歴代最高の・304、78打点を記録して新人王を獲得。日本シリーズでは4番に座り、シリーズ首位打者の活躍で日本一に貢献した。プロに入っても怪物だった。

「このままいけば、おれどころか王の記録も抜くかもしれない」

私は思ったし、期待もしていた。

ところが——その後は記録的には平凡といっていい数字しか残すことはなかった。

それはなぜなのか……。

天性だけで野球をやっていた

記録的には平凡と述べたが、清原はプロ通算で２３３８試合に出場、打率・２７２、歴代５位の５２５本塁打、同６位の１５３０打点とそれなりの数字を残し、黄金時代の西武を牽引した。とりわけ日本シリーズやオールスターといった大舞台における強さは特筆もので、日本シリーズには10度出場し、優秀選手賞に３回、敢闘賞に２回輝き、８度の日本一に貢献。18回出場したオールスターでは７回ＭＶＰを獲得している。

とはいえ、彼の素質を考えればやはり物足りない。なにしろタイトルを一度も獲っていないのである。持てる才能を発揮しきれずに終わったといっていいだろう。

その原因はやはり、天性だけで野球をやっていたことにあると思う。清原の打席を見て私は、「考えているな」と感じることがほとんどなかった。配球を読んだり、バッテリーと駆け引きをしたりしているなという感想を抱いたことがなかった。

清原クラスのバッターに対して、ピンチの場面でストレート勝負にくるピッチャーはふつういない。ストレートは見せ球として使い、勝負は変化球というのがセオリーである。それなのに清原は、いつでもストレートを待ち、ボール球の変化球に手を出して三振することが多かった。

そのうえ、相手がストレートを投げてこないと、「それでも男か！」と逆ギレする始末。体力、気力、技術だけでなく、知力も総動員してぶつかり合うのが真の男対男、力対力の勝負である。清原は勘違いしているとしか思えなかった。

ずいぶん前になるが、一度銀座で清原と出くわしたことがあった。そのとき、清原が言った。

「先輩、ひどいじゃないですか。ぼくのことをバカだと言ったでしょ」

私が清原について本で述べているのを誰かに聞いたらしい。

「いや、バカとは言ってないよ。『頭を使っている感じが伝わってこない』と言ったんだ」

私はそう答えたのだが、清原が「考える」ことがなかったのは、天性に恵まれすぎていたからだろう。配球など読まなくても、駆け引きなどしなくても、天性だけで打ててしまう。考える必要など感じないわけだ。だから、勉強意欲、研究意欲に欠けざるをえない。

加えて高校時代からスーパースターで、プロでもいきなり結果を出してしまったから、のぼせあがっても不思議はない。周囲はちやほやするし、誘惑も増える。バットを振るより、遊んでいるほうが楽しいに決まっている。二十歳そこそこの若者なら、どうしたって流されてしまう。

ただし、それは清原だけの責任ではない。周囲、とくに指導者の責任は大きいと私は思う。そのことで私は、清原が入団したときの西武の監督だった森祇晶《まさあき》に言ったことがある。

「清原をダメにしたのはおまえだぞ。鉄は熱いうちに打てという。清原が入ってきたとき、おまえがきちんと『人間とは』『野球とは』ということを叩き込んでおけば、すごいバッターになっていたはずだ」

現役後半はケガに悩まされたが、これも若いころの不摂生が原因だったのではないか。30代半ばあたりからウェイトトレーニングに精を出すようになり、プロレスラーのようになったが、いたずらに身体を大きくしたことはかえってマイナスになったようだ。

若いころの清原は、柔らかい下半身を活かし、広角に打ち分けていた。低めのボールも、ひざをうまく使って腰を落とすようにして水平に振り抜き、右方向へ打ち返していた。それが、身体を大きくし、パワーをつけたことで、上半身頼み、腕力頼みのスイングになってしまい、バランスを失ってしまった。故障も増えた。

引退後、清原は指導者としてどこからもお呼びがかからなかった。あれだけの選手だったのだから、監督やコーチになってもおかしくないどころか、球界のためにもなってしかるべきだった。原因は、私生活でさまざまなトラブルを抱えていたことにあったらしい。そのあげくが、覚醒剤所持の疑いでの逮捕である。善悪の判断ができないとは、子ども以下。情状酌量の余地はないが、もう少し勉強意欲を持っていたなら、プロ野球でも怪物になれたのに……彼には大いに期待していただけに残念でならないのである。

桑田真澄

プロでも発揮された頭脳と感性

清原の名前をあげたからには、桑田真澄について述べないわけにはいかないだろう。清原同様、一年夏の予選からベンチ入りした桑田は、本大会ではエースとして登板、いきなり優勝投手となる。桑田の誕生日は１９６８年の４月１日。つまり、同級生より一学年下といってもよく、優勝時は15歳。これは学制改革以降、最年少の記録とのことだ。

以降、甲子園に5大会連続出場し、通算20勝3敗。とくに夏は14勝1敗という成績を残している。バッターとしても打率・３５６、ホームランも清原の13本に次ぐ歴代2位の6本を放った。そのなかには一年の夏、その年のドラフトで巨人から1位指名を受ける池田高校の水野雄仁から放った特大の一発も含まれている（清原は水野に対して4打席4三振だった）。清原以上の怪物だったといっていいかもしれない。

甲子園の優勝投手はプロでは大成できないというジンクスがある。例外は池永正明と尾崎行雄、平松政次、あとは松坂大輔くらいだろうか。王でさえ、ピッチャーとしては失格の烙印を押された。近年では斎藤佑樹や藤浪晋太郎も苦闘している。なぜプロで通用するピッチャーが少ないのだろうか。

なぜ桑田は大成できたのか

高校では同じチームと何度も対戦することはまれである。相手ピッチャーの情報を収集し、研究し、対策を練るための力も時間も労力もかぎられる。それなりの威力のあるボールを投げられる、あるいは勘所を押さえた投球術を持っているピッチャーであれば、勝ち進むことは不可能ではない。高校生の場合、勢いも大きく影響する。

しかし、プロではそうはいかない。何度も同じ相手と対戦しなければならない。甲子園はトーナメントだから一度抑えられた相手と戦うことはできないが、プロは徹底的に研究し、攻略法を考えてくる。それを捩《ね》じ伏せるには、相手のさらに上を行く必要があるのである。プロでやっていくには、そういう能力が欠かせないのだ。

その能力とは要するに頭脳、そして感性である。相手がどのような攻略法を考えているか察し、どうすればいいか対策を練る。打たれたら、その理由を考え、修正し、足りないところを強化する。かんたんなことだが、意外に気がつかない。とくに天性に恵まれた選手にそういう傾向が強い。

桑田はプロ通算173勝をあげている。つまり、頭脳と感性が抜群だったということだ。一年の夏に優勝した桑田は、大阪のみならず、全国の強豪校からマークされ続けたはずだ。桑田攻略なくして全国制覇はない。徹底的に研究されたに違いない。

桑田はそれを跳ね返し、二年春以降も優勝1回、準優勝2回という成績を残した。すぐれた頭脳と感性、そしてそこから導き出された結論をかたちにできる修正能力がなければ、できることではない。そうした能力をプロでも十二分に発揮したからこそ、身体的には決して恵まれていなかったにもかかわらず、巨人のエースとしてコンスタントに活躍し続けることができたのだろう。

松坂大輔

実は技巧派だった平成の怪物

江川が「昭和の怪物」ならば、「平成の怪物」と呼ばれたのが松坂大輔である。松坂を怪物たらしめたのは、1998年の夏の甲子園だった。横浜高校のエースとしてその年の選抜で優勝を飾った松坂は、史上5校目の春夏連覇をかけて再び甲子園にやってきた。

準々決勝はPL学園を相手に延長17回、250球を投げきって勝ち上がる。明徳義塾との準決勝はピッチャーではなくレフトとして出場したが、控えのピッチャーが打ち込まれ、8回表の時点で0対6とされてしまう。

しかし横浜はその裏、一挙に4点を返し、2点差に詰め寄る。松坂が右腕を覆っていたテーピングをはがしたのは、そのときだった。盛大な「マツザカ」コールのなか、9回のマウンドに向かった松坂は、明徳打線を3人で抑える。エースの力投で流れを完全に引き寄せた横浜は、その裏3点を奪って逆転サヨナラ。決勝へと駒を進めた。

京都成章と激突した決勝でも、松坂は怪物ぶりをいかんなく発揮した。ノーヒットノーランで春夏連覇を達成したのである。決勝でのノーヒットノーランは、海草中の嶋清一投手以来59年ぶり、史上ふたりめの快挙だった。

ＰＬ戦でのあわや再試合かという追いつ追われつの死闘、明徳義塾戦での奇跡的な逆転勝利を生んだ気迫の1イニング、決勝でのノーヒットノーランといった物語が、松坂に怪物の称号を与えたのだった。

加えて通算11勝0敗、うち完封6、防御率1・00という甲子園での成績、そして前年の秋から公式戦36試合に登板し、一度も負けなかったという記録面においても、松坂はまさしく怪物の名に値した。

かつての怪物は現役晩年どう変貌するか

松坂はその年のドラフト1位で西武に入団、1年目から16勝をあげ、最多勝と新人王を獲得する。以降もエースとして活躍し、8年間で108勝をマークした。ただ、松坂の才能は充分に認めつつも、率直に言って、松坂に対する私の評価はそれほど高いものではなかった。というのは、私がピッチャーにもっとも必要なものだと考える原点能力、すなわちアウトコース低めのコントロールがよくなかったからである。

私は松坂を本格派ではなく、技巧派だと見ていた。以前にも述べたが、私のいう本格派とは、バッターがストレートを待っているときにストレートを投げても抑えられるピッチャーのことを指す。松坂はそうではない。もちろん、ストレートは充分に速いが、ほかにフォーク、カーブ、スライダー、チェンジアップなど多彩にして一級品の変化球を持ち、そのコンビネーションでバッターを打ち取っていく。私に言わせれば、技巧派なのである。

松坂ほどのスピードと球種があれば、いくらでも三振がとれ、抑えられると思われる。ところが、実際はそうではなかった。空振りしてもおかしくないストレートを打ち返されたり、緩いカーブやチェンジアップにも反応されたりするシーンが多々あった。

なぜか。原点能力が低いからである。だから、甘く入ったボールを痛打されたり、変化球頼みになったところを狙い打ちされることが多かったのだ。

2007年にメジャーリーグへ行ってからも、制球難は変わらなかった。フォアボールを連発してランナーをため、大量失点することがしばしばあった。そのうえ、右バッターのインコースへのコントロールも悪かった。だから、インコースとアウトコースのコンビネーションがうまく使えず、攻め方が苦しくなり、単調になることが目立った。もう少し原点能力が高ければ、アメリカでももっとすごい成績をあげられたと思う。

レッドソックスとメッツで通算56勝をあげたあと、松坂は日本球界に復帰した。彼のフォームを見て、私は「もう復活は無理だろう」と思った。

松坂は2012年に右ひじの手術を受けた。その後遺症なのか、明らかに投げ方がおかしかったのだ。どこかをかばっている投げ方をしていた。首をやたらに振っていたのがその証拠だ。肩が痛くて腕がいうことをきかないから、首を振ることになるのである。実際、ソフトバンクでの3年間で一軍登板は1イニングだけだった。

その後、テストを受けて2018年、中日に入団。6勝をあげ、オールスターにも出場、カムバック賞を受賞した。久しぶりにピッチングを見たら、ずいぶん投げ方がよくなっていた。かなり治ったのだろう、首を振ることが少なくなった。もはや150キロは投げられないが、スピードよりコントロールを意識するようになったようだ。

2019年は春季キャンプでファンから腕を引っ張られて右肩を負傷し、出遅れてしまったが、かつての怪物がいかなる変貌を見せてくれるか、私は楽しみにしている。

第5章

一芸で勝負した怪物

福本　豊

クイックモーションを生んだ世界の盗塁王

福本豊を怪物と呼ぶのは違和感があるかもしれない。だが、誰にも真似ができない技術を持っていたこと、とてつもない記録を残したことを考えれば、福本はまごうことなき怪物である。

福本のどこが怪物か。言うまでもない、足である。福本は2年目に75個の盗塁を決めてタイトルを獲得すると、以降13年連続して盗塁王。１９７２年には当時の世界記録となる１０６盗塁を成功させた。

通算１０６５盗塁はもちろん日本記録。２位の広瀬叔功《よしのり》が５９６個、３位の柴田勲が５７９個だから、ダントツである。

パ・リーグのキャッチャーはみな、福本に苦しめられた。弱肩だった私はとくにそうで、さまざまな対策を考えた。けれども、どれもうまくいかなかった。

ただ、意外なことに「用意、ドン！」でまっすぐ走ったら、福本はそれほどの快足ではないらしい。福本以上に速い選手はめずらしくなかったという。

ではなぜ、福本はそれほど盗塁することができたのか——。のちの話であるが、「盗塁でいちばん大切なことは何か？」と福本に訊ねたことがある。福本はこう答えた。

「目です」

ピッチャーを見る目である。ホームに投げるときと牽制するときでは、ピッチャーのモーションには微妙な違いが生じる。そのクセを見抜くことがもっとも大事だと福本は教えてくれた。

盗塁される責任の大半はピッチャーにある

盗塁されればキャッチャーが悪い——当時はそれが常識だった。しかし私の実感はこうだった。

「盗塁される責任の大半はピッチャーにある」

福本の言葉がはからずもそのことを裏付けてくれたわけだが、ピッチャーが盗塁を警戒せず、ランナーがいないときと同じように投げていては、いくら強肩のキャッチャーが素早く送球しても絶対に間に合わない。ピッチャーの協力なくして盗塁阻止は難しいのである。

ならばどうすればいいのか、考えに考えた末、私がたどりついたのが「ちっちゃいモーション」だった。

ピッチャーに小さなモーションで投げさせ、時間を稼ごうとしたのである。そう、いまでいうクイックモーションだ。

いまやすべてのピッチャーに必須のスキルとなっているクイックモーションは、福本対策のために私が考え出したものなのである。福本の足がクイックモーションを生んだのだ。

近年、昔に較べて総体的に盗塁数が減っているのは、こうしたクイックをはじめとする盗塁阻止技術が進歩したことが大きいと思われる。そのきっかけとなったのが福本だった。福本の足（そして目）がプロ野球を大きく変えたのである。その意味でも福本は正真正銘の怪物だった。

余談だが、１９８３年、通算９３９盗塁をマークして世界記録を樹立した際、国民栄誉賞授賞を打診されたものの、「立ちションもできなくなる」と断ったというエピソードは、いかにも福本らしかった。

田淵幸一

私に危機感を抱かせた、強肩のホームランバッター

「おれはファーストを守らなければならないかもしれないな……」

本気でそう思ったことがある。1968年、ドラフト前のことだ。

その年は大豊作と言われ、なかでも目玉とされていたのが、法政大学で東京六大学記録となる通算22本塁打を放った田淵幸一だった。

田淵は巨人を志望していた。巨人も指名を確約し、背番号2を用意していたという。キャッチャーだからという理由もあったろうが、王の1、長嶋の3と並べようとしたのだろう。しかし、当時逆指名制度はなかったうえ、前年の下位チームから順に指名する完全ウェーバー制を採用していたから、重複指名はありえなかった。だから、南海も指名の意思を見せていた。獲得のあかつきには、33歳になっていた私をファース

トにコンバートするつもりだったらしい。

危機感を覚えた私は、東京遠征の際、神宮球場まで田淵を見に行った。当時の田淵は、いまからは想像できないほど細く、動きも俊敏だった。なにより、肩がすばらしかった。私は弱肩で有名だったから、田淵が入団してきたら、ほんとうにポジションを譲らなければならないかもしれないと覚悟した。

私には幸いなことに、田淵は阪神に指名され、正捕手の座を追われることはなかったが、田淵は私にそれだけの危機感を抱かせるほどの怪物だったのである。実際、1年目からレギュラーとなり、22本塁打を放って新人王を獲得した。キャッチャーでの新人王は史上初だったという。

バッターとしての田淵は、はっきり言って天才である。なにしろ、大学時代に風邪をひいて2、3日寝込んだあとバッティング練習をしたら、「なぜかポンポンと打球が飛ぶようになった」そうだ。わけがわからない。打球を遠くに飛ばす才能は天性であり、天性のない人間がどんなに努力しても限界がある。その能力において田淵は、私の知るかぎり、中西太さんと双璧だった。

ただし、中西さんの打球が弾丸ライナーだったのに対し、腰の回転力をバットに乗せて放たれる田淵のそれは、美しい放物線を描いてスタンドに飛び込んでいった。まさしく「アーチスト」。本塁打率12・41は、300本塁打以上をマークしたバッターのなかでは、王の10・66に次ぐ数字だという。めずらしくキャンプで特打を志願したら、200球中、124本が外野フェンスを越えたこともあったと聞く。

キャッチャーの視点を活かせば王に迫れた

ただ、田淵は記録においてはそれほどの数字を残すことはできなかった。同時代に王がいたとはいえ、ホームラン王になったのは1975年の一度だけ。タイトルはこのひとつだけだ。絶好調だった2年目の夏に広島の外木場《そとこば》義郎から左こめかみに死球を受けて大けがを負ったのをはじめ（以降、耳当て付きのヘルメットが広まった）、ケガに悩まされたこともあるが、彼の才能を考えれば物足りないといわざるをえない。やはり、あまりに天性に恵まれすぎていたことが、かえって仇になったのだと思う。

私は選手晩年、西武ライオンズで田淵と同僚になったが、努力しているという印象は受けなかった。王が素振りを一日500回やったとして、田淵がその半分でもしていれば、王と互角以上のタイトル争いを繰り広げていたと私は思う。少なくとも、あと数回はホームラン王を獲得していたことは間違いない。

キャッチャーとしても、坊っちゃん気質の性格そのままのおおらかさで、配球について話したことは一度もない。ある試合の大事な場面で、追い込みながらストレート勝負にいって痛打されたことがあった。配球が納得できなかったので、「どうしてあそこでストレートだったんだ？」と根拠を訊ねると、田淵は笑ってこう答えた。

「やだなあノムさん、投げるのはピッチャーじゃないですか」

私は打席に入っているとき、自分がキャッチャーであることのアドバンテージを利用したものだ。キャッチャーの立場になって、「この場面ならおれをどう攻めるだろう」と考えるのである。そうすれば、ある程度配球が読める。ヤクルトの古田敦也が2000本安打を打てたのも、キャッチャーとしての視点をバッターボックスでも活かしたからだ。

おそらく、田淵はそういう考えが微塵もなかったのではないか。天才ゆえ、そんなことをしなくても打てたからだ。バッターボックスではキャッチャーであることを忘れ、完全にバッターになってしまうのである。もし、田淵が少しでもキャッチャーとしての利点を活かしていれば、王の記録にも迫ったのではないかと私は思う。まあ、かえって混乱してまったく打てなくなってしまった可能性もあるのだが……。

山口高志

私が考える史上最速ピッチャー。ストレート一本の超本格派

「対戦したピッチャーのなかで、もっとも速かったのは誰か?」

そう訊ねられたら、私は即答する。山口高志だ。

阪急の黄金時代を、先発として、抑えとして支えた右ピッチャーである。

とにかく、めっぽう速かった。身長は170センチに満たず、小柄だったが(それが関西大学時代に華々しい成績をあげながらプロの誘いを断り、社会人に進んだ大きな理由だったという)、右腕を真上からまっすぐ振り下ろし、上半身を折り曲げるダイナミックなフォームからくり出されるストレートは、一直線にキャッチャーのミットに収まった。

なにしろ、球種はストレートしかなく(ほんとうにそうなのだ。ストレート一本で

プロのマウンドに立ったピッチャーもそうはいまい)、真っ直ぐがくるとわかっているのにバットに当たらない。当てられたとしても、前に飛ばなかった。それだけ手元でホップしていたのである。

オールスターで山口に訊ねたことがある。

「おまえ、相手バッターのデータなんか見たことないだろう?」

「わかりますか?」

そう言って山口は笑ったが、相手が誰であろうと、ひたすら真っ直ぐを力いっぱい投げ込むだけでよかったのだ。まさに「本格派のなかの本格派」だった。

しかも、コントロールがお世辞にもいいとはいえず、球が荒れる。どこに向かってくるかわからないという恐怖もあった。私も三冠王のプライドをかなぐり捨て、バットを短くもって、対処せざるをえなかった。そんなピッチャーは山口だけだった。

実働わずか4年間。記録より記憶に残る豪腕

山口がもっとも輝いたのは、1年目の1975年だった。当時パ・リーグは前・後期の二期制だったが、山口は前期に7勝をあげて（5敗）優勝投手となり、後期と合わせて12勝1セーブ（13敗）、防御率2・93で新人王を獲得。後期優勝の近鉄とのプレーオフでは2勝をあげる活躍でやはり胴上げ投手になると、広島との日本シリーズでは6試合中5試合に登板、1勝2セーブをあげて日本一に大きく貢献し、MVPに輝いたのである。

結果からいえば、山口の実働は実質4年間にすぎなかった。小さな身体であれだけの豪速球を投げるということは、どこかで無理があり、大きな負担がかかっていたのだろう。先発・抑えを問わず登板したことも影響したに違いない。

13勝14セーブで最優秀救援投手のタイトルを獲得した1978年、日本シリーズの練習中に腰を痛めたことで、以降は以前のような豪速球は影を潜めた。その後の4年間はわずか3勝。プロ8年間の通算成績は195試合に登板し、50勝43敗44セーブ。はっきりいって、歴史に残るものではない。だがしかし、その豪速球を目にした者の記憶には必ず鮮明に残るピッチャーだった。太く、短く走り去っていった怪物だった。

伊藤智仁

史上最高の高速スライダー。彼のおかげで日本一監督になれた

1992年のドラフトで、超目玉だった星稜高校の松井秀喜の指名を見送り、ヤクルトが獲得したのが三菱自動車京都の伊藤智仁だった。

その年のドラフトは、松井一色だったといっても過言ではない。ヤクルトの編成部も松井を強力に推した。

「獲得できれば、10年は4番はいりません」

非常に迷った。松井が逸材であることは間違いない。しかし、私はピッチャーがほしかった。監督に就任して3年。キャッチャーに古田を得て、西村龍次、石井一久、岡林洋一といった先発陣が揃いつつあり、打線も池山隆寛と広沢克己というふたりの大砲が成長してリーグ優勝を果たした。しかし、日本シリーズでは常勝・西武の軍門

に下った。日本一のためには、もうひとり即戦力のピッチャーがどうしても必要だった。

松井ほどではないにしろ、4番を打てるバッターは探せばみつかる。外国人にまかせる手もある。しかし、即戦力のピッチャーはめったにいない。それで松井ではなく、その年のバルセロナ五輪で日本の銅メダル獲得に貢献した伊藤の指名に踏み切り、広島、オリックスとの競合を制して獲得したのだった。

キャンプではじめて伊藤のピッチングを見て、私はその選択が間違いでなかったことを確信した。なかでも私を驚かせたのがスライダーだった。あれほどのスライダーは、長年プロの世界で生きてきた私でも見たことがなかった。

初先発で伊藤は7回10三振を奪って初勝利をあげると、前半だけで7勝をマーク。6月の巨人戦ではサヨナラ負けを喫したものの、8回まで無失点、セ・リーグタイ記録の16三振を奪った。

2018年、テレビ番組で伊藤と再会

伊藤のスライダーの最大の特長は、ブレーキの鋭さにあった。カーブに近い感じで、ギュッ、ギュッと鋭角的に曲がる。しかも、それが132、3キロの高速で曲がるうえ、長い腕がかなり遅れて出てくるから、バッターはタイミングをとるのが非常に難しい。バッターがモーションに合わせて振りにいっても、まだ伊藤の腕は残っているという光景をたびたび目にした。

ただ、伊藤はプロ入り前からルーズショルダーという大敵を抱えていた。肩関節の可動域が広すぎたのだ。それがスライダーの曲がりの大きさの秘密だったと思うのだが、関節がはずれやすかった。まさに諸刃の剣だったのである。7月4日の登板を最後に故障で離脱。そのままシーズンを終えた。

1年目の登板はわずか14試合。しかし、防御率は0・91。109イニングの投球回を上回る126個の三振を奪い、実働3ヵ月であったにもかかわらず、新人王を受

賞した。それだけ鮮烈な印象を残したということだろう。

その後、2年間は登板できなかったが、1997年には7勝、19セーブをマークしてカムバック賞を受賞した。1998年以降3年間は100イニング以上を投げたが、往時の面影は失われていた。そして再び肩を壊し、2003年に引退した。

故障の大きな原因は、登板過多にあった。伊藤のおかげで私は優勝監督にしてもらったのだが、それだけ伊藤には負担をかけてしまった。責任は免れない。わかっていながら、彼の心意気に甘えてしまったのだ。ほんとうに申し訳なく感じていた。いつか謝りたいと思っていたのだが、2018年、テレビ番組で伊藤と再会し、思いを伝えることができた。

ケガは「自分の責任だと思っている」と伊藤は語り、「マウンドを降りるほうが嫌だった。ピッチャーは先発したら最後まで投げるのが使命だと思う」と私をかばってくれた。その言葉を聞いて、胸のつかえが下りた気がしたものだ。だからというわけではないが、あらためて私は言いたいと思う。

「伊藤智仁こそ、ほんとうの怪物だった――」

佐々木主浩

「出てきたら負け」と覚悟した絶対的守護神

なぜフォークボールは打ちにくいのか。

人間は左右2ヵ所の目から見るので、横の変化はとらえやすい反面、縦の変化はそもそも認識しづらいということがまず考えられる。また、横の変化に対してはバットの使い方で、つまり線で対応できないこともないが、縦の変化に対しては点でとらえるしかないことも、フォークが打ちにくい理由といえる。

とはいえ、あらかじめフォークが来るとわかっていれば、見逃せばいい。ボールになるからだ。けれども、やっかいなことにフォークは、ストレートと同じような投げ方から、同じ軌道でバッターに向かってくる。ストレートのつもりでスイングすると、ストンと急激に落ちるのである。これには反応できない。まさしく魔球なのである。

アメリカでは「ひじを痛める」という考えから、フォークを投げるピッチャーは非常に少ないが、日本では昔からポピュラーだった。その嚆矢《こうし》はおそらく中日にいた杉下茂さんで、村山実と村田兆治のフォークも見事だったが、もうひとり取り上げたいピッチャーがいる。佐々木主浩《かづひろ》である。

ヤクルトの監督として私はリーグ優勝を4回経験したが、もっとも苦しんだのが1997年だった。

巨人相手に開幕連勝を飾ったヤクルトは、オールスター明けには2位に10ゲーム差をつける独走状態にあったのだが、横浜ベイスターズが驚異的な勝率で追い上げてきた。そして、8月19日からの直接対決で3連敗を喫し、2・5ゲーム差まで詰め寄られたのである。

最終的にはなんとか逃げ切ったのだが、このときの横浜の勢いはすごかった。「追う者の強み」という言葉があるが、私はただの強がりだと思っていた。リードしているほうが優位に決まっていると信じていた。しかし、ほんとうにそういうものがあるのだとはじめて知った。余力を残したまま勢いに乗って追いかけてくるチームの怖さを、このときの横浜を見て痛感したのである。

直球かフォークか……最後までクセは見抜けなかった

その勢いを牽引していたのが「マシンガン打線」の異名をとった強力打線だとすれば、最後の砦を守っていたのが「ハマの大魔神」こと佐々木だった。

そのころの佐々木は、まさに難攻不落のピッチャーだった。その武器はもちろんフォークだが、佐々木はまっすぐ落とすフォークだけでなく、スライダー系のフォークとシュート系のフォークを自在に投げ分け、さらに高速系とチェンジアップ系を使い分けた。

聞くところでは、ストレートと見分けにくくするために、わざとボールに回転を与えることもあったという。しかも、フォームのクセがみつからない。一所懸命探したが、最後までわからなかった。

だから、佐々木が出てきたら、負けを覚悟しなければならなかった。すなわち、佐々木が登場するような展開にしてしまっては、横浜に対して勝ち目はなかったのである。それほど絶対的な守護神だった。

横浜は翌年、リーグ優勝を果たしたのだが、その立役者はやはり佐々木だった。51試合に登板し、史上最多の45セーブをマーク。防御率0・64で、MVPを獲得したのである。間違いなく、平成最高のストッパーであり、怪物だった。

中村剛也

王、私に続く平成一のホームランバッター

平成を代表するホームランバッターは誰かと訊かれれば、やはり「おかわりくん」こと中村剛也（埼玉西武）の名前をあげる。

なにしろ2003年に一軍デビューして以降、ホームラン王を6回獲得している。これはもちろん現役最多、歴代でも王、私に続く3位である。

とりわけ圧巻だったのは、「飛ばない」といわれた統一球が導入された2011年。中村は「そんなことは関係ない」と言わんばかりに48本塁打を放ち、2位の松田宣浩（福岡ソフトバンク）に日本記録となる23本差をつけてタイトルに輝いた。この年パ・リーグで生まれたホームランが454本だから、1割以上を中村が打ったことになる。これもまた日本記録とのことで、その突出ぶりは怪物と呼ぶしかないだろう。201

9年7月には通算400本塁打をマークしたが、1405安打目での達成は田淵の1290本、王の1375本に次いで少ないそうだ。

それでは、中村がホームランを量産できる秘密はどこにあるのか――。

第一は、失投を見逃さないことである。そして第二に、その失投を確実にスタンドにもっていくだけの技術と集中力を持っているということだ。

中村はフルスイングが持ち味といえるが、フォームから力みが感じられない。バットを柔らかく持ち、グリップの位置も低い。それでも打球を遠くに飛ばすことができるのは、腕力だけに頼っていないからだろう。

しっかり準備して打席に臨めばもっと打てる

金づちで釘を打つときを思い浮かべてほしい。金づちを強く握り、力任せに振り下ろしても、力がうまく伝わらないばかりか、狙いが狂って釘を曲げてしまう。軽く持ち、スナップを使って振ることで、正確に釘をとらえ、まっすぐ打ち込むことができるのである。

バッティングも同じだ。中村はパワーがあるけれど、上半身に頼ることなく下半身でしっかりカベをつくり、「足→腰→腕」の順番で身体をしっかり回転させている。だから、力を入れなくてもヘッドがよく利き、ボールを遠くに飛ばすことができるのである。

聞いたところでは、中村は高校時代に小指を骨折したことでバットを緩めに持つようになったという。そのため肩に無駄な力が入らず、したがってスイングに余計な力がかかることなく下半身がスムーズに回転し、バットのヘッドを走らせることができるのだと思う。

ただ、ホームランも多いが、三振も多い。打率も毎シーズン2割5分程度しか残せていない。おそらく、配球を読んで狙い球を絞るなどということはしないのだろう。来た球をただ打っているように見える。30代半ばを過ぎ、選手生活の晩年を迎えつつあるだけに、もう少し頭を使い、しっかり準備して打席に臨んでみてはどうだろうか。そうすれば、打率はもちろん、ホームランも増えると思うのだが……。

第6章

アメリカからやってきたカイブツたち

ジョー・スタンカ

忘れられない巨人との日本シリーズでの一球

いまは外国人を街で見かけることはちっともめずらしくない。日本人も体格がよくなり、大きな欧米人を見ても驚くことはなくなった。

けれども、まだ外国人が少なかった1960年代の日本において、198センチ、91キロ、赤ら顔のオクラホマ州出身のアメリカ人は、あたかも「怪物」に見えた。ジョー・スタンカのことである。もはや、その名前を知る人は少なくなったかもしれない。1960年に来日、私のいた南海で活躍した右ピッチャーだった。

当時、2メートル近いピッチャーなんて日本にはいなかったから、はじめて見たときは「なんてでかいんだ!」と驚いた。バッターもすぐそこから投げられているような気がして、恐怖感を抱いたことだろう。

ただ、体格のわりにボールはそれほど速くなかったし、球種もストレートとスライダー、あとは小さく曲がるカーブしかなかった。アメリカではほとんどマイナー暮らしだったというし、正直、それほど期待はしていなかった。

ただ、手がとても大きかった。それで私は提案してみた。

「はさんで投げてみたら？」

つまり、フォークボールである。試しに投げたら、すごく落ちた。スタンカ自身も興味を持ったようだった。フォークを覚えたスタンカは、その年、38試合に登板し、17勝12敗、防御率2・48の記録を残した。

翌年は41試合で15勝11敗。その次の年は8勝に終わったが、1963年は14勝をあげ、64年は26勝7敗、防御率2・40で外国人選手として初のMVPを獲得。阪神との日本シリーズでも、第1、6、7戦に先発して3完封、南海の日本一の立役者となり、シリーズMVPに輝いた。第7戦は志願しての登板で、チームのために連投を買って出るというのは、外国人ではめずらしかった。

人間的にもすばらしい男だった。ふだんはジェントルマンで、みんなから好かれた。

ところが、マウンドに立つと豹変する。闘争心むき出し、顔を真っ赤にしてケンカ腰でバッターに向かっていくので、〝赤鬼〟というあだ名がついた。

カバーに入るふりで球審に体当たり

スタンカといえば、忘れたくても忘れられないのが1961年、巨人との日本シリーズ第4戦である。南海の1勝2敗で迎えたこの試合、南海は9回表に広瀬叔功のツーランで3対2と逆転に成功。その裏、巨人の先頭打者に出塁を許すと、鶴岡監督はスタンカをリリーフに送った。

スタンカはかんたんにツーアウトをとり、代打・藤尾茂さんも一塁フライに打ち取った……と思った次の瞬間、一塁手の寺田陽介がまさかの落球。続く長嶋のサードゴロも名手・小池兼司がファンブルし、満塁となってしまった。

かろうじて気を取り直したスタンカは、エンディ宮本さんをツーストライクと追い込んだ。4球目。私のサインはもちろん、フォーク。スタンカの投じたボールは、やや外寄りながらほぼ真ん中でストンと落ち、私のミットに収まった。

「よし。ゲームセット！」

そう思ったスタンカはマウンド上で万歳、私も飛び上がろうとし、スタンドを埋めた巨人ファンからはため息がもれた。

ところが、円城寺満球審のコールは「ボール！」。スタンカは顔を真っ赤にしてマウンドから駆け下り、ベンチからはすべての選手が飛び出してきた。めったに怒らない私も激昂し、主審に詰め寄った。

「ストライクやないか！」

しかし、猛抗議にもかかわらず、判定が変わることはなかった。

「ふつうならストライクだが、風があったので早く沈んだ。だからボールだ」

円城寺球審はそう言った。

長い中断の末、試合は再開されたが、スタンカは明らかに気落ちしていた。再開後の1球目。スタンカのボールはまったく力がなかった。

「あかん」

そう思った瞬間、宮本さんが弾き返した打球は一、二塁間に転がり、二者が生還し、南海は逆転負けを喫したのである。このとき、打たれたスタンカはホームベースのカバーに入るふりをしながら円城寺球審に体当たりをくらわせた。

スタンカは第5戦に先発し、この試合は南海が勝利したが、第6戦に敗れ、日本一を逃すことになった。

円城寺　あれがボールか　秋の空

誰が詠んだか知らないが、そういう〝句〟が残っている。

円城寺球審はセ・リーグの審判だった。シリーズ前、情報を収集していたとき、巨人以外の5球団の関係者に言われたものだった。

「ここぞというときには、審判は必ず巨人の味方をする。敵は10人だと思え」

もし、あの判定がストライクだったら、シリーズの流れは間違いなく南海に来たはずだ。そして、そのまま日本一になっていた可能性は高い。そうなれば、その後の巨人と南海の歩みは変わっていたのではないか。

スタンカは翌1965年も14勝をあげたが、11月に長男を風呂場の事故で亡くしたことで、残っていた契約を解除し、帰国した。その翌年は大洋でプレーしたものの、不振のため1年で再び帰国した。

アメリカに帰ってからは音信が途絶えてしまっていたのだが、久々に届いた知らせは、彼が亡くなったというニュースだった。2018年の10月のことだった。

私との
ホームラン王争いの行方は……

ダリル・スペンサー

スタンカが南海で活躍していたころ、もうひとりの「怪物」がパ・リーグを席巻していた。阪急ブレーブスのダリル・スペンサーである。

サンフランシスコ・ジャイアンツやセントルイス・カーディナルス、ロサンゼルス・ドジャースなどで10年間プレーしたスペンサーが来日したのは1964年。

まず驚かされたのは猛烈なスライディングだった。かつてハワイ出身のウォーリー与那嶺さんがダブルプレーを阻止するスライディングを日本に持ち込んだが、スペンサーは190センチ、90キロという巨体であるうえ、スパイクの底を相手内野手に向けて滑り込んできた。まさしく〝殺人スライディング〟と呼べるほどのもので、はじめて披露した際には二塁手が吹っ飛ばされ、意識不明になりかけたほどだった。

南海の国貞泰汎《やすひろ》という小柄な二塁手がスペンサーに突き飛ばされたことがあった。するとブルームという外国人選手が「仕返ししてやる」と言って、ランナーに出た際、内野ゴロに乗じて二塁手だったスペンサーにぶつかっていった。

しかし、ダメージを受けたのはブルームのほうで、脇腹を骨折。スペンサーはしれっとした顔をしていた。キャッチャーの私も、三塁コーチの制止をふりきってホームに突進してきたスペンサーに体当たりをくらったことがある。

ただし、スペンサーはただ荒っぽいだけの怪物ではなかった。

彼は打順を待っているとき、ネクストバッターズサークルに入らず、キャッチャーの斜め後方に立っていた。ピッチャーの球筋を見極めるとともに、フォームのクセや配球の傾向を見抜くためである。もちろんルール違反であるが、敵を研究する態度はそれほどまで徹底していたし、クセを見抜く力は天才的だった。

「どんなピッチャーにもクセがある」という事実を常識にしたのがスペンサーだった。しかも、得た情報をバッターに伝えようとした。マスコットバットを自分のバットで一度叩いたらストレート系、二度ならカーブ系……という具合だ。

バッターボックスに入ってもやっかいだった。ホームベースから離れて立っているからとアウトコース主体に攻めると、ガーッと踏み込んで打ってきた。最初からアウトコースを狙っていたのである。そこに投げさせるためにわざとホームベースから離れて立っていたわけだ。そういう駆け引きをいろいろ仕掛けてきた。

守ってもスペンサーは抜群のポジショニング、素早いモーションと正確な送球でしばしば失点を防いだ。ランナー二塁でヒットが出ても、スペンサーが中継に入ったときは、三塁コーチはランナーがサードベースを完全に回っていないかぎり、ホームに突入させることはなくなった。

ほかの選手も敵のサインや配球を見抜こうとするように

スペンサーと私は、浅からぬ縁がある。1965年のことだ。前年、ホームラン王と打点王を獲得したにもかかわらず年俸ダウンを提示され、「年俸を上げるには三冠王を獲るしかない」と奮起した私は、春先から打ちまくり、戦後初の三冠王に向かって邁進していた。

夏が過ぎ、打率と打点はなんとかなりそうだったが、ホームランが不安だった。スペンサーに先行されていたのである。

パ・リーグの各チームは、私の味方をしようとしたのだろう、スペンサーを敬遠することが多くなった。10月頭の直接対決では南海もそうした。私は気が進まなかった。だが、日本シリーズ対策で巨人戦を偵察に行っていて不在の鶴岡監督に代わって指揮を執った蔭山和夫コーチが、「おれが責任を持つから歩かせろ」と指示するので従わざるをえなかった。すると、度重なる敬遠に頭にきていたのだろう、スペンサーはバットをさかさまに持ってバッターボックスに立った。

そんなスペンサーと私のホームラン王争いは、意外なかたちで決着した。

残り10試合程度となったある日、球場入りすると広報担当者が「おめでとうございます」と不思議なことを言う。聞けば、スペンサーがバイク事故で足を骨折したのだという。自宅からオートバイで最寄り駅に向かう途中、飛び出してきたトラックを避けようとして壁にぶつかったとのことだった。おかげで私は三冠王になることができたのである。

そんな因縁はあるものの、私はスペンサーを高く評価している。阪急の野球を、いや日本の野球を大きく変えたのはスペンサーであるからだ。

スペンサーが加入してからというもの、阪急のバッターたちが大きく変わったのを私ははっきりと憶えている。〝灰色のチーム〟と呼ばれ、Bクラスが常連だった阪急は、スペンサーの加入以降、黄金時代への道を歩みはじめることになった。

その最大の理由は、スペンサーの野球に対する姿勢が、ほかの選手にも波及したことだと私は考えている。みんながサインを見抜こうとし、配球を絞るようになった。とりわけ影響を受けたのが長池徳二と高井保弘で、長池はのちに不動の4番として3度のホームラン王に輝き、高井は代打ホームランの世界記録（27本）を残すことになった。

スペンサーは1968年に退団したが、1971年にコーチ兼任として再び阪急に復帰。その翌年またアメリカに戻ったが、帰国にあたって収集した情報をメモとして球団に残したという。阪急がパ・リーグで無敵となり、日本シリーズでも3連覇を達成できたのは、スペンサーの存在が大きく貢献したと私は確信している。日本野球のレベルを引き上げた怪物だった。

スペンサーも２０１７年にこの世を去ってしまったが、私のことが強く印象に残っていたらしい。帰国後、日本のプロ野球関係者に会うと「ノムラはどうしている？」としばしば訊ねたそうだ。

チャーリー・マニエル

ミート重視だがパワーもある。対戦に苦労した〝赤鬼〟

ヤクルトと近鉄で大暴れして〝赤鬼〟と呼ばれ、他球団のバッテリーから恐れられたチャーリー・マニエルが来日したのは1976年のことだった。1年目は日本の野球にとまどったようだが、2年目には打率・316、42本塁打、97打点。その翌年も・312、39本塁打、103打点をマークして、ヤクルトのリーグ初優勝に大きく貢献した。

しかし、そのシーズンかぎりでマニエルは、西本幸雄さんが監督だった近鉄にトレードされる。ヤクルトの広岡達朗監督が守備とスピードを重視していたためだという。

実際、日本シリーズではマニエルの守備が弱点となったし、走塁にも難があった。

しかし、マニエルにとってこの移籍は天恵だったように思う。パ・リーグは指名打者制を採用しており、しかも西本さんは広岡さんとは対照的に攻撃主体のチームを志向していたからだ。マニエルにはまさしく最適の場所だったのである。

案の定、開幕から打ちまくった。48試合で・378、ホームラン24本。絶好調だった。ところが、6月9日、日生球場でのロッテ戦で、八木沢荘六のストレートがマニエルのあごを直撃した。このときのビデオを見たら、ふつうのバッターなら充分よけられるボールだったが、それはともかく、マニエルのあごの骨はめちゃくちゃに砕けていたという。

しかし、30試合ほど欠場しただけで、マニエルは8月頭に復帰する。このとき、あごを防御するフェイスガードが装着された、アメリカンフットボールのようなヘルメットを被っていたのが話題になったものだ。マニエルの欠場中、調子を落としていたチームは息を吹き返し、リーグ優勝を達成。マニエルは97試合の出場にとどまったが、・324、37本塁打、94打点。ホームラン王とMVPを獲得した。

マニエルとは私も対戦したことがある。外国人バッターは、たいていどこかに穴があるものだ。ところが、マニエルには見当たらなかった。だから、リードには苦労した憶えがある。選球眼もよく、欠点がなかった。

打ち方としては、お世辞にもいいフォームとはいえない、外国人にありがちないわゆる手打ちだ。ただし、大振りしない。パワーはあるが、ミート第一主義という印象を受けた。もともとそうなのか、日本に来て変えたのかはわからないが、いずれにせよ日本の野球にマッチした。

ホームランを量産したが、狙っているという感じはなかった。ミートに徹した結果、持ち前のパワーと日本の球場の狭さがあいまってスタンドに届いたのではないかと思う。メジャーではたいした成績を残せなかったようだが、それはおそらく速いボールに対してはついていけなかったからではないか。その点、日本のピッチャーのボールのスピードは、ちょうど彼に合っていたのだろう。

来日経験を活かし、監督としてワールドシリーズ制覇

〝赤鬼〟というニックネームには、しばしば顔を真っ赤にして激昂したことも関係し

ていると思う。とはいえ、感情を爆発させる外国人はマニエルにかぎったことではない。

思うのだが、外国人選手たちのあいだでは、「最初に脅かしておけ」という教えが連綿と伝えられ続けているのではないか。「そうすれば、日本のピッチャーはビビるから」というわけである。実際、来日間もない時期に暴れる外国人は多かった。

その真偽はともかく、近鉄での2年目も48本塁打、129打点で二冠に輝いたマニエルだが、契約のもつれで近鉄を退団。再びヤクルトに戻ったものの、その年かぎりで帰国した。

アメリカではクリーブランド・インディアンスのマイナーのコーチを皮切りに指導者の道を歩み始め、インディアンスのバッティングコーチを経て、2000年には監督に就任。2001年には地区優勝を果たした。その後、解任の憂き目を見たものの、2005年に今度はフィラデルフィア・フィリーズの監督となり、2008年にはチームをワールドシリーズ制覇に導いた。

指導者になってからのマニエルは、日本で経験したような練習を積極的に取り入れたという。マニエル自身は来日当初、アメリカではありえない長時間のバッティング練習をさせられ、疲れ切って閉口したらしい。しかし、こうした日本ではふつうの練習に耐えられるようになったとき、思った。

「私は強くなった。試合では練習よりもボールが遅く見えた」

あらためて日ごろの練習の大切さを学んだのだという。

そこで、インディアンスのコーチ時代から早出特打を選手に課し、バッターが調子を崩したときも休ませるどころか、こう言って特打をさせた。

「野球は反復が大切。練習あるのみ。打ち込まない選手が打てるようになるわけがない」

そのことをマニエルは日本で学んだそうだ。自分に猛練習を課した広岡さんに対しても、選手時代は批判的だったが、監督になって広岡さんの言っていたことの意味がわかったと語っている。日本での経験は大きな財産となったようだ。

ブーマー・ウェルズ

巨体からは想像できない素直なバッティング

身長204センチ、体重109キロ。1983年に阪急ブレーブスに入団、10年にわたって日本球界でプレーしたブーマー・ウェルズは、「怪物」ならぬ「怪人」と呼ばれた。

マニエルや、のちに述べるバース、そしてクロマティもそうだが、外国人バッターはたいがい、1年目は苦労する。やはり、日本の野球にとまどうのだろう。そして、その選手が成功するかどうかは、いかに適応できるかがカギとなる。

ブーマーも1年目は打率こそ3割をマークしたものの、ホームランは17本どまり。初ホームランが出るまで62打席を要した。しかし、2年目には打率・355、37本塁打、130打点で外国人初の三冠王に輝き、リーグ優勝に貢献。MVPも受賞した。

以降もコンスタントに好成績を残し、84、87、89、92年には打点王、89年には首位打者と打点王の二冠を獲得している。

通算打率では落合をもしのぐ

その巨体から、パワーに頼りがちなバッターだとイメージされるかもしれないが、振り回していたという印象はない。

基本はセンター返し。素直に打ち返せば、狭い日本の球場ではフルスイングしなくてもスタンドに届くことを理解したのだと思う。選球眼がよく、三振も非常に少なかった。

通算打率・317は、4000打数以上の右バッターでは、落合博満をもしのぎ、歴代1位だという。意外なことに、一塁手としてゴールデングラブ賞も2度受賞している。外国人の大砲にはめずらしく、守備もよかったのだ。

ランディ・バース

バックスクリーン3連発を可能にした野球頭脳

歴代最強の外国人バッターといえばやはり、オクラホマ出身のこの選手になるだろう。ランディ・バース――1983年から1988年まで阪神に在籍した左バッターである。

とにかく、残した記録がすばらしい。阪神在籍6年の通算打率・337、ホームラン202本、486打点。三冠王に2回輝き、とくに1985年は・350、54本塁打、134打点という成績で阪神の21年ぶりのリーグ優勝、そして日本一の原動力となり、MVPを獲得。1986年には日本記録となる・389をマークしている。

私は選手としてはもちろん、監督としてもバースと対戦したことはない。だから、印象で語るしかないのだが、非常に頭がいい、野球頭脳にすぐれているという感じを受けた。「このピッチャーはこう攻めてくる」「あのピッチャーはこう攻めてくる」と相手ピッチャーそれぞれの配球をつかみ、「ならばこうやって攻略する」としっかり準備して打席に入っているように見えたのだ。

いまや伝説となった、1985年4月17日のバース、掛布雅之、岡田彰布《あきのぶ》による〝バックスクリーン3連発〟。この端緒を開いたのも、バースの野球頭脳だった。バースが打席に入ったのは、1対3とリードされて迎えた7回裏、二死一、二塁という場面だった。バースは槙原寛己の投じた初球のシュートをセンターのバックスクリーンに運んだのだが、バースはこの前の第2打席で逃げていくシュートをひっかけ、セカンドゴロの併殺打に倒れていた。当然、バースの頭のなかには、その打席があったはずだ。バッターボックスに入るにあたって、バースはおそらくこう考えたと想像する。

「初球から狙いはシュートだ。打ち損じたとしても、シュートを狙っていることを相手がわかれば、もう投げてこないはずだ」

一方、巨人バッテリーがこの場面で絶対に避けなければいけないのはホームランである。したがって、初球はボール球で誘って反応を見るのが常道といえる。たとえヒットを打たれても同点だし、くさいところをつきながら歩かせて満塁にし、次の掛布と勝負するという選択も考えられる。

しかし、バッテリーが選んだのはシュート。第2打席のイメージが鮮明に残っていたことに加え、一刻も早くピンチを逃れたいという気持ちが強かったことが、初球からシュートという選択になったのではないか。

結果としてアウトコース低めを狙ったシュートが甘く入り、それをバースは「待ってました」とばかりにバックスクリーンにもっていったのである。

阪神に日本一をもたらした名勝負

こうした野球頭脳に加えて、バースは選球眼もよかった。たいがいの外国人バッターは、高めのつり球や、外角低めの落ちる球で誘えば手を出してくるものだが、バースは違った。

しかも、追い込まれると大振りせず、コンパクトなスイングでボールに逆らわずに広角に打ち分ける。その年の西武との日本シリーズでも、そんなバースの特徴がよく表れたシーンがあった。

両チーム無得点で進んだ西武球場での初戦。8回表に阪神はノーアウト一、三塁という絶好のチャンスをつくり、バースに打順が回ってきた。

西武のバッテリーは工藤公康と伊東勤。初球はアウトコース、2球目はインハイのストレート。ともにボールだった。間違ってはいない。この場面でまともにストライクを放るのはバカしかいない。

3球目はアウトコースに逃げていくカーブ。バースはこれをファウルにした。ストレートを待っていたのか、タイミングがずれていた。4球目の高めのつり球にもバースは手を出し、ファウル。これでバッテリーが優位に立った。

ここでバースはバッティングを変える。それまでフルスイングしていたのを、バットをやや短く持ち直し、低めのカーブを素直に弾き返したのだ。打球はレフトスタンドの最前列に飛び込み、これが決勝打になった。

バースは第2戦では高橋直樹のカーブをやはりレフトスタンドへ運び、チームに勝利を呼び寄せ、第3戦では再び工藤から今度はライトスタンドに叩き込むスリーラン。阪神に日本一をもたらし、ＭＶＰに輝いたのである。

ファンからも絶大な信頼を集め、阪神の外国人としては最長在籍記録を更新しそうなバースだったが、１９８８年、難病を患った長男への対応をめぐって球団と対立。シーズン途中で解雇され、帰国した。アメリカではオクラホマ州上院議員を務めたという。やはり、頭がよかったのだろう。

私がもっとも印象に残る外国人はこの男

ウォーレン・クロマティ

バースとほぼ同時期、1984年から7年間巨人に在籍したウォーレン・クロマティは、私がもっとも印象に残っている外国人選手である。当時、評論家として巨人戦を観戦することが多かったからかもしれないが、よく打っていた記憶がある。

それまで日本にやってくる外国人は、いずれも3Aクラスの選手かメジャーをお払い箱になった選手、あるいはメジャーリーガーであっても盛りを過ぎた選手だった。

しかし、クロマティはモントリオール・エクスポズで外野のレギュラーとして活躍し、1983年のオフにFAとなって巨人に入団した。バリバリの現役メジャーリーガー第一号といっても過言ではないだろう。

バースを筆頭に、日本で活躍する外国人バッターはみな、穴がない。そして選球眼がいい。ボール球に手を出さず、失投を確実にとらえる。すなわち好球必打。クロマティはまさしくそうだった。だから、在籍7年で・321という高打率を残すことができたのだ（1989年には・378で首位打者を獲得している）。

しかし、こうした記録もさることながら、ファンの記憶に焼きついて離れないのは1986年10月3日、ヤクルト戦でのホームランだろう。

広島との優勝争いが熾烈を極めていた時期だった。前日、クロマティは高野光から頭部にデッドボールを受け、そのまま病院に運ばれて入院した。ところが、翌日にはベンチ入り。そして6回、満塁の場面に代打で登場し、見事に代打満塁ホームランをかっ飛ばしたのである。

敬遠のボールを打ったクロマティと新庄

敬遠のボールを打ったこともあった。1990年6月2日、広島戦でのことだ。9回二死二塁の場面で、敬遠策に出た金石昭人の投球を右中間に打ち返したのである。

この打球はセンターの頭を越え、サヨナラヒットとなった。

そういえば、私が阪神の監督だったとき、新庄剛志が同じことをやった。タイムをかけてベンチに戻ってくるので、何かと思ったら、私に許可を求めてきたのである。

「バットが届くので、打っていいですか?」

つい私も許してしまったが、やはり敬遠のボールを打つのはマナー違反であろう。「勝負しません」と逃げているところに斬り込むわけだから、スポーツマン精神に反しているといってもいい。打てないところにボールを投げないバッテリーもたしかに悪いのだが、アメリカで同じことをやったら、次の打席は確実にビーンボールを食らうはずだ。要は、日本の野球をなめていたのだろう。

ただ、監督だった王貞治に対しては、大いに敬愛の念を抱いていたようだ。来日当初、クロマティは変化球攻めが多い日本のピッチャーに手こずっていた。それを見た王が、左ひじと脇腹に本をはさんでコンパクトにスイングする練習を勧めたとのことで、そのおかげでクロマティは活躍できるようになったそうだ。

「あの人にはすばらしいハートがある。利己主義のかけらもない。ガイジンの気持ちをよく理解してくれる」

手放しの称賛ぶりで、東京で生まれた二男に「コーディ・オー・クロマティ」と名づけたという。そう考えると、デッドボールを受けた翌日に強行出場してホームランを打ったのも、王をなんとか胴上げしたいという純粋な気持ちからだったのかもしれない。

ボブ・ホーナー

バッティング理論は私と完全に一致。一年で帰国は惜しい

「現役バリバリのメジャーリーガー」という触れ込みで1987年、ヤクルトに入団したのがボブ・ホーナーだった。成田空港に降り立ったその日から、ホーナーはマスコミの注目を浴びた。

たしかにその前評判に偽りはなかったようで、1978年のドラフトで全体1位指名でアトランタ・ブレーブスに入団したホーナーは、マイナーを経験することなく、いきなりメジャーデビューし、新人王を獲得。以降ブレーブスの4番として、9年間で215本のホームランを放っている。来日したときはまだ29歳だった。

来日前年に27本ものホームランを打った選手が、なぜ日本でプレーすることになったのか――。じつは、1970年代中頃にFA制度が確立したことで、トップ選手は

高額の年俸を要求するようになり、それに伴って平均サラリーも10年で10倍に上昇した。このため、赤字経営に悩む球団が半数を軽く超えるようになり、FAを宣言した選手とは契約しないことでオーナーが一致団結。ちょうどFAを宣言したホーナーは所属球団が決まらず、そのままブレーブスに戻るしかないと困りきっていた4月、ヤクルトから当時としては破格の3億円というオファーがあったのだという。

それはともかく、前評判が過大広告ではなかったことをホーナーはデビュー直後から証明する。キャンプに参加せず、練習といえばフリーバッティングを5日ほど行っただけのホーナーは、初出場となった5月5日の阪神戦、第3打席で仲田幸司から初本塁打を放つと、翌日は池田親興から3ホーマー。3試合目は満足に勝負してもらえなかったが、4試合目の広島戦ではまた2本のホームランを叩き込み、4試合で11打数7安打、うち本塁打が6本という離れ業を演じたのである。その衝撃から、黒船襲来にたとえられることもあった。

背番号50は、「それくらいホームランを打ってほしい」という願いから球団がつけたそうだが、このペースならもっと打ちそうな勢いだった。前年まで2年連続三冠王のバースは、「100本は打てる」と語ったという（ちなみにメジャー経験がほとんどないバースは初対面のとき、4歳年下のホーナーに対して直立不動だったという）。たちまち〝赤鬼〟なるニックネームがつけられ、その一挙手一投足にマスコミの視線が浴びせられた。

ヤクルトのキャンプに臨時コーチとして招いたらしいが……

もっとも、正直に言えば私はホーナーのバッティングをあまり見た記憶がない。評論家として巨人戦を観ることが多かったからだろう。

ただ、あらためてビデオで見直してみたら、やはり日本で活躍する外国人に共通する、いい打ち方をしていた。つまり、大振りせず、コンパクトに振る。ホーナーの場合、ノーステップでインコースもアウトコースも同じポイントでボールをとらえる。しかも、軸がぶれず、外に逃げていく変化球に体勢を崩すこともなかった。

7月後半に故障で一時離脱したホーナーは、規定打席に達しなかったものの、93試合に出場し、打率・327、31本塁打、73打点を記録した。ヤクルト製品のみならず、缶ビールのCMにも出演したことからも、その注目度が想像できるだろう。

ところが、そのシーズン限りで帰国してしまう。ヤクルトは3年15億円という契約を申し出たそうだ。当時では異例である。それを断り、セントルイス・カーディナルスに、1年1億円という条件で入団したという。

まあ、おそらく日本でプレーするのが嫌だったのだろう。

「地球のウラ側にもうひとつの違う野球があった」

これはホーナーの著書のタイトルだが、当時はまだメジャーリーグと日本のプロ野球のレベルに差があったのは事実。生活面においても、マスコミの異常なほどの取材攻勢を受けたのをはじめ、ストレスと不満が募っていたのではないかと想像する。

ただ、カーディナルスでは故障のため60試合の出場に終わり、ホームランもわずか3本。1年で解雇され、翌年も契約してくれる球団はなく、31歳で引退したという。

ところで、ホーナーについては、こんな話が巷間流布していると聞いた。ヤクルトの監督になった私が、1993年のアリゾナキャンプにホーナーを臨時コーチとして招いたというのだ。

私自身はまったく憶えがない。招聘したとすれば私ではなく、球団だと思うのだが、そのときホーナーはこう言ったそうだ。

「バッティングは80パーセントが頭で決まる。データを駆使して、投手の配球を読んで打つんだ」

もしホーナーがほんとうにそう言ったとすれば、まさしくその通り。私の持論と完全に一致する。一年で日本を去ったのは、ヤクルトのために惜しいことだったかもしれない。

終章

柳田、山田、山川、清宮、そして……現在進行形の**怪物**たち

ここまで、私が目にした怪物たちについて述べてきたわけだが、ほとんどがすでに引退した選手になってしまった。そこで、最後に現在進行形の怪物候補を紹介しておきたいと思う。

誰も真似してはいけない、突然変異の現役最高バッター

柳田悠岐

ひとりめは、福岡ソフトバンクの主砲、柳田悠岐である。

近年、メジャーリーグで「フライボール革命」なるものが旋風を巻き起こしたそう

だ。ゴロを打つことを避け、打球に角度をつけて「打ち上げる」ことを奨励する理論が2014年ごろから提唱されるようになり、これをチームとして取り入れたヒューストン・アストロズが2017年のワールドシリーズを制したことで一気に浸透したのだという。

低め中心の配球が徹底されたことに加え、データ解析で各バッターに対する守備シフトが年々進化。これまでならヒットになっていたゴロがキャッチされるようになった。それならば、内野手の頭を越える打球を打ったほうがいいということで、多くのバッターが下から上へ振り上げるアッパースイングをするようになったということらしい。実際、速度98マイル（約158キロ）以上で、26～30度の角度で弾き返された打球はヒットになる確率がもっとも高いのだという。

フライを打ち上げるバッターが増えた結果、ホームラン数は増加した。2016年は7年ぶりに年間5000本を超え、17年は史上最多の6105本を記録したという。ただ、フライボールを実践するには、それだけの打球速度が必要になる。パワーに劣る日本人は、誰でも真似できる芸当ではない。数少ない例外が柳田だろう。

柳田は2015年、打率3割、30本塁打、30盗塁のトリプルスリーを達成したが、それ以前から私は注目していた。というのも、打ち方がそれまで見たことのないフォームだったからだ。そして、いつも思ったものだ。

「王やソフトバンクの指導陣はよく我慢しているなあ……」

文字通り、天に向かって打っているように見えた。ふつうはフォロースルーが肩のあたりに来るものだが、柳田の場合は頭の横にグリップがくる。いま思えば、フライボール革命を実践していたわけだが、理にかなっているようには思えなかった。あんな打ち方をしているバッターは、長年プロ野球を見てきた私でも、出会ったことがなかった。

柳田が「ホームランか三振か」というバッターならわかる。不思議だったのは、あのスイングでヒットを量産できることだ。まさしく突然変異。日本球界に突如現れた怪物というしかない。私には理解不能だ。

ただし、ほかのバッターには間違っても「柳田の真似をしろ」とは言えない。あれは柳田という怪物だから可能なのであって、並のバッターが真似をしたらバッティングをおかしくするだけだ。

実際、フライボール革命には、マイナス面もあらわれたという。単純にいえば、ホームランか三振かという、淡白な攻撃が増えたのである。ホームランが増加した反面、三振の数も増え続け、2018年は4万1207個。逆にヒット数は4万1018本と、はじめて三振がヒット数を上回ったそうだ。状況を考慮せず、いつでもフライを上げようとするバッターが増えた影響だと思われる。

柳田自身は、かつては引っ張る傾向が強かったようだが、トリプルスリー達成後は次第にセンターからレフト方向への打球が多くなり、広角に打ち分けるようになった。それも、ただ力いっぱいフライを打ち上げるのではなく、センターにライナーを打ち返すスタイルに変わった。以前はインコース低めを若干苦手としていたようだが、現在は腕をうまくたたんでライトスタンドに持っていく。「現役最高」の呼び声も高く、手のつけられないバッターになりつつある。突然変異の怪物がどこまで進化するのか、注目したいと思う。

名手クレメンテを彷彿とさせる、三拍子揃った新時代の怪物——山田哲人

２０１５年、柳田とともにトリプルスリーを達成したのが山田哲人（ヤクルト）である。２０１６年と２０１８年にもトリプルスリーを記録した。

山田を見ていて思うのは、「あの身体でよく30本もホームランを打てるな」ということだ。身長は１８０センチだが、それほど大きく見えない。ホームランを量産するようなタイプには見えないのである。彼の俊敏さが小さく見せているのかもしれない。

私が現役だったころは、30本ホームランを打って、かつ盗塁を30個も記録するなどということは考えられなかった。私は30本塁打以上を10回マークしているが、盗塁はいちばん多く走った年で13個。王にしても、一本足になる前の10個が最高である。現在の球界を代表するホームランバッターである中村（埼玉西武）や中田翔（北海道日本ハム）にしても、数えるほどだろう。

逆に、打率3割、30盗塁を達成できるバッターはたいがいホームランが少ない。ホームラン王と盗塁王を「同時に」獲得したのは山田が史上初だったという。つまり、トリプルスリーとはそれほど難しい記録なのである。それを3回も達成しているのだから、怪物と呼んでいいだろう。

山田を見てふと思い出したのが、ロベルト・クレメンテというメジャーリーガーだ。ピッツバーグ・パイレーツで活躍した名ライトである。1971年、私はパイレーツとオリオールズが対戦したワールドシリーズを観戦したのだが、駿足にして強肩で、長打力もあるアベレージヒッターであるクレメンテのファンになってしまった。そのとき、「天はクレメンテに二物も三物も与えたな」と思ったものだが、山田のプレーを目の当たりにして、日本にもようやくそういう選手が登場したと感じたのである。

右バッターで、これほど欠点のないバッターもめずらしい。うまく軸足にタメをつくって全身を回転させ、遠心力を使って打球を遠くに飛ばす。インコースに対しても、腕をうまく畳んでひざをクルッと回して巧みにさばく。

2010年のドラフト1位。だが、斎藤佑樹（北海道日本ハム）と塩見貴洋（東北楽天）のふたりをクジで外しての指名だった。結果的にヤクルトには儲けものだった。私が監督なら、発掘したスカウトにボーナスをあげるところである。

長打、巧打、手足の三拍子揃って、しかもイケメン。これまでのプロ野球にはいなかった、新時代の怪物といっていいだろう。

大下、中西、門田……歴代ホームラン王の系譜を継ぐ男――山川穂高

沖縄出身、岩手県の富士大から2013年のドラフト2位で西武に入団した山川穂高は、2017年7月に一軍に定着すると、出場78試合で23本塁打をマーク。開幕から4番に座った翌年は、47本塁打で初のタイトルを獲得し、MVPにも輝いて前年の成績がフロックではないことを証明した。2019年も進化は止まらず、ホームラン王と打点王争いでトップを快走、60本塁打も射程圏内に捉えている。通算321試合

での100本塁打到達は、秋山幸二の351試合を抜き、日本人選手としては最速だという。令和初のホームランも山川だった。

176センチ、108キロの身体は、あの中西太さんを彷彿とさせる。あの体型ならふつうはスイングが鈍くなるものだ。だが、山川は中西さん同様、スイングがすばらしく速い。これは強打者の条件だ。ボールを呼び込んで身体の近くで鋭く回転させることで、スイングスピードを生み出しているのだろう。

追い込まれるまではいつもバックスクリーンを狙っているらしく、「ホームランの打ち損じがヒットだと思っていた」と私に語ったのは、かつて南海で4番を打った門田博光を思い出させる。やはり、天才というしかないだろう。ヒッチする、すなわちグリップが動くクセが気になるが、これは大下弘さんもそうだった。彼なりのタイミングの取り方なのだろう。今後、どれだけ記録を伸ばせるか、楽しみにしている。

左ピッチャーとインコースを攻略できるか、真価が問われる
清宮幸太郎

清宮幸太郎も、年齢を考えればすばらしい素材だと思う。高校時代、歴代最多の111本塁打を放った。試合数や相手のレベルにも左右されるから一概には言えないが、やはりたいしたものだ。アマチュア時代の成績がプロの成績に直結するわけではないが、ひとつの目安にはなる。

山川にもいえることだが、打球を遠くに飛ばすのは努力してどうなるものではない。天性だ。彼が中学生のときだ。雑誌の企画で、篠山紀信さんに一緒に写真を撮ってもらったことがある。彼は所属していたシニアチームのユニフォームで現れたが、すでにいまと変わらない身体をしていた。清宮のお父さんはご存じの通り、早稲田大学のラグビー部で活躍し、母校や社会人チームで監督としても実績を残した克幸氏（ちなみに「克」という字は私の「克也」からとられたそうで、克幸氏も小学生のときは野

球をしていたという)。お母さんも慶應大学ゴルフ部で主将を務めたと聞いている。そういう身体に生んでくれたことをまずは感謝しなければならない。

1年目の清宮は53試合に出場して打率・200、ホームラン7本、18打点という成績だった。高卒ルーキーで7本塁打は、松井の11本には及ばないものの、大谷の3本、筒香嘉智の1本を上回った。ちなみに私は二軍暮らしで0本だ。才能の片鱗は見せたといっていいだろう。

見ていて感じたのは、見逃し方がいいということだ。力むことなく、カベが崩れることなく見送っている。左バッターは往々にして左ピッチャーを苦手とするものだが、これは軸足が崩れたり、前に突っ込んだりしてカベが崩れることが原因だ。

清宮も左を苦手としているようだが、私が目にしたかぎりでは、左ピッチャーのボールに対してもカベが崩れることが少なかった。王のように、左ピッチャーに対してはスライダーのタイミングで待っているような感じを受ける。そのうえでボールを引きつけてコンパクトにスイングする。高校を出たての新人にはとても思えなかった。

あとはインコースをどれだけ攻略できるかだろう。高校時代はうまく腕をたたんでそれほど苦にしていなかったようだが、プロのピッチャーはまったく別物。私が目にした映像では、清宮がヒットにしているのはアウトコースに投げ損なったボールが多かった。逆にいえば、インコース、とくに高めは打っていないことになる。インコースが打てなければ、相手はどんどんそこを突いてくる。これにどう対応するか。清宮の真価が問われるのはそこだ。

体力と気力にすぐれているのはプロとして当たり前。このふたつにおいて清宮は、すでに並み以上のものを持っている。プロの世界でモノをいうのは知力である。結果を出せば出すほど、相手に研究される。それを跳ね返すには、頭を使い、徹底的に考えることが必要になる。清宮が真の怪物になれるかどうかはこの知力、すなわち野球頭脳にかかっているだろう。

一緒に写真を撮った際、「焦らず早く」という言葉を彼に贈った。焦ってはいけないが、結果も早く出さなければならない、という意味だ。いまあらためて、この言葉を贈りたいと思う。

〝163キロ〟の豪腕は本物か。令和最初の怪物候補

佐々木朗希

先ほど述べたように、本書でとりあげたのは、結果的に昔の選手が多くなってしまった。これには多少のノスタルジーが混じっていること、私の目が肥えてちょっとやそっとの選手を見ても驚くことが少なくなったことが影響しているかもしれないが、最近の選手が総体的に小粒になったという現実も大きいのではないか。全体のレベルが上がったのと比例して、私のいう「常識はずれ」の選手も減ったのである。

そんな状況に現れたのが大谷翔平であり、柳田悠岐であり、山田哲人であり、山川穂高であり、清宮幸太郎である。清宮と同世代には、1年目に初打席初本塁打を放ち、2年目の2019年はセ・リーグの打点王争いをリードしてオールスターにも選ばれた村上宗隆（ヤクルト）、履正社高時代は「東の清宮、西の安田」と並び称された安田尚憲（ロッテ）、広陵高で甲子園1大会最多の6本塁打をマークした中村奨成（広

島）らがおり、そのあとには大阪桐蔭高時代は二刀流として選抜連覇、春夏連覇に貢献し、中日ドラゴンズに入団した根尾昂、その大阪桐蔭に夏の甲子園決勝で敗れたもののの、予選から準決勝までたったひとりで投げ抜き、公立の金足農業を準優勝に導いた日本ハムの吉田輝星（1年目の6月に初登板初先発初勝利をあげた）ら、楽しみな素材が控えている。

そして元号が令和と改められた2019年、岩手県にまたひとり、怪物候補生が出現した。大船渡高校の佐々木朗希投手である。

映像を少し見ただけだが、たしかにいい投げ方をしている。高校日本代表候補合宿で記録したという163キロという数字は、さすがにスピードガンのなんらかの誤作動だと思うが、左足を高く上げ、力みのない、しなやかなフォームから繰り出されるストレートは、150キロを超える。しかも、スライダーやチェンジアップ、フォークなどの変化球もあり、高校生が打つのは無理だろう。

甲子園出場がかかった夏の岩手大会決勝に、佐々木は登板しなかった。故障のリスクを避けたためだという。結果として大船渡高は敗れ、その是非が論議を呼んだ。

私が監督だったらどうしていたか。投げさせていたと思う。佐々木を含めた部員たちは、甲子園に出るために3年間練習を積んできたのである。佐々木本人が「投げたい」と望むなら、それをかなえてやるべきだろう。

肩は消耗品だという。それは事実なのだろう。気合や根性でどうにかなるなどと言うつもりはない（それは私がもっとも嫌悪することだ）。ただ、肩の強さには個人差があると思うし、投げるための筋肉はある程度投げ込まないとつかないのも事実である。批判を承知でいえば、やや甘やかしすぎ、過保護ではないか。

さて、登板回避の是非はともかく、佐々木が大器であることは疑いない。大谷同様、まだ下半身を充分に使えていないように見えるが、それでもこれだけのボールを放れるのはよほど肩が強いのだと思う。あとはどれだけ精密なコントロールを身につけることができるかだ。大きな耳をしていて、大成しそうな雰囲気も持っている。どの球団に入るのかはわからないが、はじめから一軍で使いながら育てていけば、文字通り「令和の怪物」になれるのではないか。私はとても楽しみにしている。

参考資料

岩手日報社編『大谷翔平 挑戦』岩手日報社、２０１８年

ロバート・ホワイティング

『なぜ大谷翔平はメジャーを沸かせるのか』阿部耕三訳、ＮＨＫ出版新書、２０１９年

「大谷翔平 二刀流 ファイターズ・５年間の軌跡」ポニーキャニオン、２０１８年（ＤＶＤ）

〈著者プロフィール〉
野村克也（のむら・かつや）
1935年、京都府生まれ。54年、京都府立峰山高校卒業。南海ホークス（現・福岡ソフトバンクホークス）にテスト生として入団。首位打者1回、本塁打王9回、打点王7回、MVP5回、ベストナイン19回、ダイヤモンドグラブ賞1回などの成績を残す。65年には戦後初の三冠王（史上2人目）にも輝いた。70年、捕手兼任で監督に就任。73年のパ・リーグ優勝に導く。その後ロッテオリオンズ（現・千葉ロッテマリーンズ）、西武ライオンズでプレーし、80年、45歳で現役引退。89年、野球殿堂入り。通算成績は3017試合、2901安打、657本塁打、1988打点、打率.277。指導者として、90～98年、ヤクルトスワローズ監督、リーグ優勝4回、日本一3回。99～2001年、阪神タイガース監督。06～09年、東北楽天ゴールデンイーグルス監督。現在は野球評論家。『野村のイチロー論』（幻冬舎）など著書多数。

プロ野球怪物伝
大谷翔平、田中将大から
王・長嶋ら昭和の名選手まで

2019年9月20日　第1刷発行
2021年7月30日　第3刷発行

著　者　野村克也
発行人　見城 徹
編集人　福島広司

GENTOSHA

発行所　株式会社 幻冬舎
〒151-0051　東京都渋谷区千駄ヶ谷4-9-7

電話　03（5411）6211（編集）
03（5411）6222（営業）
振替　00120-8-767643
印刷・製本所　株式会社 光邦

検印廃止

ISBN978-4-344-03513-3　C0095
幻冬舎ホームページアドレス　https://www.gentosha.co.jp/

この本に関するご意見・ご感想をメールでお寄せいただく場合は、
comment@gentosha.co.jpまで。